INTRODUCCIÓN AL DERECHO

Iraisa N. Mateo Montes de Oca

DEDICATORIAS

A Dios,

A mis padres: Migdalia Altagracia Montes de Oca Mateo y Felipe Augusto Mateo Agramonte

A mis hermanos: Felipe Ernesto y Cristian Augusto

Por ser fuente de apoyo en la culminación de esta obra.

ÍNDICE

PREFACIO

La ciencia jurídica es un conjunto de conocimientos en evolución constante. Su característica principal no es la inalterabilidad estática de las ideas, sino la investigación de la realidad, para dar respuesta a los casos concretos provenientes de la colectividad, que es la base del derecho.

Este examen de la realidad conlleva una revisión de las tesis jurídicas clásicas, y el surgimiento de nuevos paradigmas doctrinales.

La doctrina debe cumplir el rol analítico de los fenómenos jurídicos, para auxiliar a las demás fuentes del derecho, para una comprensión e interpretación más eficaz de las normas.

Las sociedades, especialmente en el periodo inicial de los siglos XX y XXI, han estado marcadas por transformaciones que han cambiado el curso de la historia de forma irreversible e impensable en épocas anteriores.

Los procesos históricos, económicos y sociales como la globalización, el desarrollo tecnológico, han causado una mayor interacción entre los grupos humanos, y por ende, situaciones que no estaban contempladas en el derecho.

Las reformas institucionales iniciadas en la década del 1990, han originado un nuevo sistema jurídico en la República Dominicana, principalmente en el derecho constitucional, penal, inmobiliario y comercial.

La finalidad de la presente obra es compendiar los principios básicos del derecho tradicional, conjuntamente con las corrientes más importantes del pensamiento jurídico reciente.

Este trabajo está realizado en un lenguaje conciso, para que sea de utilidad a todas las personas interesadas en el estudio científico del derecho.

CAPÍTULO 1
ASPECTOS CONCEPTUALES DEL DERECHO

1.1   Etimología del derecho

Como un análisis previo al estudio de cualquier ciencia, es pertinente la comprensión etimológica del campo del saber de qué se trata.

La palabra derecho proviene del vocablo directum, que significa no apartarse del buen camino, seguir el sendero señalado por la ley, lo que se dirige o es bien dirigido.

En el idioma latín, directus, -a, -um es ("recto, directo, perpendicular") y el participio del verbo dirigere ("enderezar, alinear", "dirigir, guiar"), ya que los participios son antiguos adjetivos incorporados al paradigma verbal, algunos de los cuales subsistieron como adjetivos y otros desaparecieron para ser más tarde recuperados por adjetivación del participio.[1]

1.2   Concepto de derecho

Derecho es el conjunto de principios, preceptos y reglas a los que están sujetas las relaciones humanas en toda la sociedad civil, y a cuya observancia puede ser compelida por la fuerza.[2]

También se describe como ciencia de las normas obligatorias que presiden las relaciones del hombre en sociedad.

De esta descripción se pueden colegir los elementos siguientes:

- **El derecho es un conjunto**: El concepto del derecho no se refiere a una singularidad, sino a una pluralidad de reglas.
- **El derecho sujeta las relaciones humanas**: No es una ciencia exacta, sino que atañe a la actividad del hombre.
- **El derecho preside las relaciones del hombre en sociedad**: El derecho, al ser una ciencia social, está supeditada a las características de cada grupo humano, y se conforman en sistemas según los rasgos culturales, religiosos, económicos, idiomáticos de cada comunidad.

1.3 Finalidad del derecho

---

[1] Bogarín Díaz, Jesús. De nuevo sobre el concepto etimológico de derecho. Universidad de Huelva. 2001.

[2] Goldstein, Mabel I. Diccionario Jurídico Consultor Magno. Colombia. Panamericana Formas e Impresos, S.A. 2009. ISBN 978-9974-8113-2-4.

Aunque algunos juristas conciben el derecho como un conjunto de normas neutrales, el derecho, como ciencia, tiene varios propósitos, entre los cuales son:

1.3.1 La justicia

Los antiguos filósofos griegos de la época pitagórica conciben la justicia en términos conmutativos. La idea de justicia se representa como el valor absoluto y universal en el cual en un estado armónico se le atribuye a cada individuo aquello que le corresponde.

Aristóteles en su obra "Ética a Nicómaco" distingue la justicia como la virtud más alta y perfecta, porque quien la practica en sí mismo y en su prójimo. Clasifica la justicia como conmutativa, tomando en cuenta la proporción aritmética de los individuos, y distributiva, diferenciando en este caso los méritos de las personas. [3]

A pesar de las distintas opiniones políticas y filosóficas, persiste el criterio aristotélico de la justicia como una armonía e igualdad de proporción y distribución.

Para Kelsen, la justicia es una característica posible, más no necesaria del orden social, ya que la considera una virtud individual, y la equipara a la felicidad.[4]

En este mismo sentido, entiende que no es factible una sociedad donde se exista la felicidad de todos sus ciudadanos, y que la justicia está más orientada a la igualdad de los individuos ante la ley.

John Rawls considera la justicia como la primera virtud de las relaciones sociales, y que se puede denominar una sociedad como justa o injusta según la asignación de los derechos y deberes fundamentales, las oportunidades económicas y las condiciones sociales imperantes.

1.3.2 La paz social.

El derecho tiene una función pacificadora. En una concepción amplia, el sistema jurídico debe ser una herramienta para que los miembros de una sociedad puedan coexistir sin violencia. El principio de paz social es aplicable tanto en el sentido público como en el privado.

En el sentido público los Estado se encuentran en situación de paz cuando carecen de conflictos entre sí, o existe la disposición de solucionarlos por las vías jurídicas aceptadas en el derecho internacional.

---

[3] Aristóteles. Ética a Nicómaco. Sexta edición. México. Editora W.M. Jackson, Inc. 1973.

[4] Kelsen, Hans. ¿Qué es la justicia?

En el sentido privado, la paz social se extiende a la sujeción de los individuos a las reglas de derecho, y el arreglo de diferencias sin el uso de la violencia.

1.3.3 El bien común

El Bien común es todo aquello que es beneficioso y compartido en la sociedad. Hace referencia al interés público y la comunidad.

El derecho, al ser una ciencia social, tiene como uno de sus fines favorecer a todos los individuos en la colectividad

Para que el derecho pueda perseguir el bien común, debe existir como elementos la voluntad de los miembros de una sociedad de una observancia a las reglas y un sentido de cooperación.[5]

1.3.4 Seguridad jurídica

La seguridad jurídica es la cualidad del ordenamiento que produce certeza y confianza en el ciudadano sobre lo que es Derecho en cada momento y sobre lo que, previsiblemente lo será en el futuro.

Es el aspecto del derecho que se crea el clima cívico de confianza en el orden jurídico fundado en pautas razonables de previsibilidad, que es presupuesto en los Estados de Derecho.

Para la existencia de la seguridad jurídica, deben estar presentes elementos como conocimiento previo de la normativa, estabilidad del ordenamiento jurídico y su publicidad, además de la protección de los derechos ciudadanos frente a hechos y actos que los perturben. Es un favor primordial para el desarrollo individual y social.

La seguridad jurídica es la protección de los individuos, ya que garantiza la aplicación correcta del derecho frente a cualquier que pueda causar un perjuicio. Es una limitante de los derechos y deberes del poder público.[6]

---

[5] Schultze, Rainer-Olaf. Sánchez De la Barquera y Arroyo, Herminio. Fundamentos, teoría e ideas políticas. Volumen I. . México. Universidad Nacional Autónoma de México. 2016. ISBN 978-607-02-5388-1.

[6] Nino Santiago, Carlos. Introducción al análisis del derecho. Madrid. Editorial Ariel, S.A. 1999. 84-344-1504-6.

1.3 El derecho objetivo

Derecho Objetivo es el conjunto de normas obligatorias y coercibles, creado de conformidad con los actos o procedimientos reconocidos por el Estado, del que se derivan derechos subjetivos facultades o prerrogativas, en favor de los sujetos que se encuentran bajo el poder de dicha autoridad.

Este término es aplicable a la designación de una norma, un conjunto de normas y sistema jurídico.

El filósofo y jurista italiano Giorgio DelVecchio, en su obra "Principios Generales del Derecho" consideró las características principales que reúne el derecho objetivo.

1.3.1   Características del derecho objetivo

Bilateralidad:

La norma jurídica es bilateral, ya que establece facultades y obligaciones que conciernen a distintos sujetos. Puede colegirse que esta característica diferencia la norma moral de la norma jurídica, en el sentido que La primera dispone deberes del sujeto para consigo mismo; la segunda, obliga al sujeto para con otro, es decir, la norma moral recae en el ámbito interno del individuo, mientras que la norma jurídica se dirige a lo externo.

Generalidad

La norma jurídica tiene carácter general, ya que regula hechos comunes. Es inviable la creación de una norma jurídica para cada hecho social concreto, ya que abría que establecer un número infinito de normas.

Todo hecho social tiene aspectos propios que lo separan de los demás, y no podría ser regulado jurídicamente por lo que tiene de propio o peculiar.

En consecuencia de lo anterior, la norma jurídica procede por abstracciones y categorizaciones para incluir de actos, hechos y relaciones, comunes para dar un carácter de uniformidad y repetición en el tiempo.

Imperatividad

La norma jurídica otorga, al otorgar facultades y obligaciones, requiere para su validez un carácter imperativo. Los enunciados, afirmaciones o exhortaciones carecen de imperatividad. La norma jurídica debe ser impositiva, ya que en caso contrario, no conllevaría su cumplimiento.

1.4 Derecho subjetivo

Derecho subjetivo es la prerrogativa perteneciente a una persona y que permite exigir de otras prestaciones o abstenciones, o el respecto de una situación de la que ella aprovecha.

También puede definirse como el conjunto de facultades que una persona tiene para obrar lícitamente, para conseguir un bien asegurado por una norma natural o positiva.

1.5.1 Características del derecho subjetivo

Facultatividad: Es un grupo de facultades. Para que el pueda llegar a su consecución, debe existir una capacidad moral para el ejercicio de este derecho.

Individualidad: El derecho subjetivo siempre es ejercido por un individuo, al cual le corresponde la consecución del bien protegido.

Voluntariedad: Para que los elementos del derecho subjetivo estén completos y llegue a una consecución, el individuo debe presentar la motivación de establecer sus propias relaciones jurídicas.

1.5.2 La teoría de la voluntad

Esta teoría jurídica fue desarrollada por el jurista alemán Friedrich Carl Von Savigny, representante de la Escuela Histórica del Derecho. Figura dentro de las primeras teorías jurídicas elaboradas para describir los elementos esenciales del derecho subjetivo.

Esta teoría sitúa a la voluntad individual como el elemento fundamental del derecho subjetivo, concepto acorde con las orientaciones ideológicas individualistas y racionalistas imperantes en el tiempo que fue formulada.

Para este autor, el punto nodal del derecho subjetivo residía en la voluntad individual y el consentimiento de las partes, ejercida en dentro de la libertad.

El destacado civilista alemán Bernhard Windscheid elaboró una tesis sobre el derecho subjetivo, que lo precisa como una prerrogativa otorgada por el corpus jurídico al individuo.

Esta prerrogativa tenía una doble función: por un lado existía la facultad para la exigencia del cumplimiento de una conducta determinada, amparada en la normativa, y por el otro, el uso de la coacción en caso de incumplimiento, además de dejar el supuesto para la modificación, cesión y extinción del este derecho.

1.5.3 La teoría del interés

Fue una propuesta doctrinal diseñada para delimitar el derecho subjetivo, expuesta por el filósofo alemán Rudolf Von Ihering.

La teoría del interés se contrapone a la teoría de la voluntad, ya que concibe al interés como el centro del derecho subjetivo.

Para la formulación de esta tesis, Ihering ponderaba que la simple voluntad no constituía la esencia del derecho subjetivo, basado en la existencia de personas carentes de voluntad, que eran poseedores de derechos subjetivos.

Con estas comprobaciones, fundamentó que el aspecto esencial del derecho subjetivo no era la voluntad del ejercicio de una prerrogativa, sino la búsqueda de una utilidad o beneficio.

1.5.4 La teoría de la protección

La teoría de la protección fue creada por el jurisconsulto alemán Agust Thon. Este afirmaba que la base del derecho subjetivo no era solamente el interés, sino la protección del mismo.

Además postulaba que para la protección de este interés, debían existir elementos de prueba, ya que sin este elemento, no era posible la exigencia de su cumplimiento.

1.5.5 La teoría eclética.

La teoría ecléctica fue propugnada por un conjunto de juristas alemanes, italianos y franceses. Entre estos podemos citar a George Jellinek y Francesco Ferrara.

Esta integra los elementos de las teorías de la voluntad, el interés y la protección como centro del derecho subjetivo.

Este grupo de autores define el derecho subjetivo como un bien o un interés protegido por el poder de la voluntad perteneciente al individuo.

Con esta definición salva la problemática de la falta de voluntad del titular del derecho, ya que en ausencia de la capacidad, la voluntad de actuar provenía del representante legal.

La doctrina sostuvo los postulados de Ihering sobre la teoría del interés, además de enfatizar la fuerza jurídica para servir a este interés.

Posteriormente y tras algunas modificaciones en sus postulados, la teoría eclética ganó más adeptos entre los doctrinarios del derecho, convirtiéndose en la más aceptada en la actualidad.[7]

1.6. Relación entre el derecho objetivo y el derecho subjetivo

El derecho tiene dos vertientes distintas que requieren una descripción precisa. el punto de vista objetivo y el punto de vista subjetivo. Si se observa como un ordenamiento social para la regulación de la conducta del hombre en sociedad, se advierte que el derecho está compuesto por un cuerpo normativo que se impone a la actividad humana, y que requiere sujeción y cumplimiento.

Si se colige desde el ámbito interno, el derecho subjetivo se puede ver como una posesión de derechos que se pueden validar frente a las demás personas, es decir, como las facultades del hombre para obrar y conducirse en una manera determinada.

Mientras el derecho objetivo es un conjunto bilateral, general, imperativo, el derecho subjetivo consiste un cuerpo facultativo, individual y voluntario.

Cuadro sinóptico No. 1

Derecho objetivo	Derecho subjetivo
Es un conjunto de normas	Es un conjunto de prerrogativas
Es general	Es facultativo
Es imperativo	Es voluntario
Es bilateral	Es individual

---

[7] Escobar Rozas, Freddy. El derecho subjetivo. Consideraciones en torno a su esencia y estructura. 1998.

CAPÍTULO 2
LAS CORRIENTES DE PENSAMIENTO JURÍDICO

Como toda actividad científica social, el análisis del derecho se ve imbuido por diferentes corrientes ideológicas, criterios y puntos de vista que lo enriquecen.

El fundamento principal y objeto de estudio es la diferenciación del derecho, lo que constituye su aspecto esencial y puro, y su relación con las demás ciencias, principalmente la filosofía y la moral.

Algunos autores como Kelsen y Kant establecen una separación clara y con límites bien definidos entre la moral y el derecho, sin embargo, otros como Aristóteles y Cicerón unen el derecho y la moral en una sola entidad, ya que plantean que el derecho es un conjunto de normas que son universales y supra legales.

2.1 El juspositivismo

El juspositivismo es la corriente de pensamiento jurídico que plantea que la moral y el derecho son entidades diferenciadas. Este propugna que la existencia del derecho es independiente de la moral, ya que el elemento moral no es necesario para la vigencia del derecho.

Un ejemplo de positivismo es el aforismo romano "Dura lex, sed lex", como principio que la aplicación de las leyes es obligatoria para la convivencia social, sin tomar en cuenta si es justa.

Los puntos que esgrime el positivismo para delimitar los campos del derecho y la moral son los siguientes:

Exterioridad versus interioridad: El derecho que regula la conducta externa de las personas, la moral abarca el comportamiento interno.

Bilateralidad versus unilateralidad: El derecho es bilateral, su aplicación recae sobre varios individuos. La moral es unilateral, solamente comprende un solo sujeto.

Coercibilidad versus incoercibilidad: el derecho y la moral se diferencian por la coercibilidad para lograr el cumplimiento de las conductas. El derecho conlleva un cumplimiento obligatorio, pasible de sanción y aplicación de la fuerza en caso contrario. La moral no es coercible, sus normas no son forzosas.

Heteronomía versus autonomía. El derecho es un conjunto de normas impuesta a los individuos por el Estado. Las personas se obligan a la norma jurídica emanada de la autoridad del Estado. La moral solamente recae en el principio de racionalidad individual.[8]

2.1.1 Antecedentes del juspositivismo

Las primeras referencias al juspositivismo se remontan a la antigua Grecia. En su obra "La República", el filósofo griego Platón ya diferencia que las leyes están supeditadas a la autoridad y régimen quien las crea, sea la monarquía ,la democracia o la tiranía, y que el sentido de la justicia depende de la conveniencia del más fuerte.

A pesar de que algunos autores de la Antigüedad y la Edad Media aluden al positivismo, este prosperó con la Revolución Francesa y el surgimiento del Estado moderno, alcanzando notoriedad en el siglo XIX.

Este renombre parte de la especialización y limitación de la ciencia jurídica solamente al conjunto de normas vigentes. Se comenzó a valorar el estudio del derecho como ciencia pura y desprovista del elemento moral.

2.1.2 El juspositivismo de Inmanuel Kant

El filósofo alemán Inmanuel Kant, en su obra "Principios Metafísicos del Derecho", define al derecho positivo como un conjunto de las leyes susceptibles de una legislación exterior, su aplicación y el conocimiento sistemático, susceptible de crear obligaciones entre los individuos.[9]

Para Kant, una acción es conforme a derecho cuando permite, o cuya máxima permite a la libertad del arbitrio de cada uno coexistir con la libertad de todos según una ley universal.

Esta afirmación implica que la restricción a la libertad individual genera un agravio, dicha resistencia no puede constituirse en una máxima conforme a una ley universal.

Kant considera que obrar conforme a derecho es una exigencia ética, y que la ley universal del derecho consiste en obrar externamente de tal modo que el uso de la libertad coexista con la libertad de los demás.

La existencia de un derecho positivo separado de la virtud constituye la conexión de las libertades individuales, sin intervención de la consciencia personal e interior, sino como una obligación.

---

[8] Villalba Zabala, Agustín. Introducción al derecho. 2011.

[9] Kant, Inmanuel. Principios metafísicos del derecho.

El derecho tiene la atribución de determinar la justicia de una forma precisa, objetivo que no es lograble con el ejercicio moral.[10]

2.1.3 La escuela exegética

La escuela exegética es el término utilizado para reunir la obra de los comentaristas de los Códigos Napoleónicos entre 1804 y 1904. El objetivo principal de esta escuela era desarrollar un análisis interpretativo de los textos civiles napoleónicos.

Sus aportes a la doctrina y la jurisprudencia se compilan en un cuerpo de trabajos didácticos para la enseñanza jurídica.

Dentro de las obras más relevantes de esta escuela podemos citar el "Método de interpretación y fuentes del derecho positivo. Ensayo Crítico" de Geny; "Teoría Razonada del Código Civil" de Taulier y "Elementos de Derecho Civil Francés" de Marcadé."

Esta escuela   predominó en Francia hasta finales del Siglo XIX y se caracterizó por el criterio literal de interpretación de la norma; primacía de la voluntad del legislador; prevalencia del la ley sobre las demás fuentes del derecho, y respeto a los antecedentes jurídicos en la aplicación del derecho. [11]

2.1.4 La escuela histórica alemana.

La Escuela Histórica del Derecho se origina en Alemania como respuesta al jusnaturalismo y la codificación normativa iniciada con el código civil francés de Napoleón Bonaparte. La implementación del Código Civil generó discrepancias en Europa y dividió a los juristas entre defensores y contrarios a la sistematización propugnada con el Código.

El representante más destacado y considerado fundador de la Escuela Histórica fue Friedrich Carl Von Savigny, además de otros miembros como Niebuhr, Ihering, Mommsen, Gerber y Gustavo Hugo y Reyscher, Eichorn, Brunner y Karl von Amira, además de Jacob Grimm.

Dentro de las obras más importantes de esta Escuela podemos citar "Monumenta Germaniae Historica" y "Antiguedades del Derecho Alemán."

---

[10] León Martínez, Samuel. El concepto de derecho en Inmanuel Kant. 2015.
[11] Halpérin, Jean-Louis. Exégesis. 2003.

Esta escuela entiende el derecho como una expresión popular (Volksgeist), además que el legislador debe adentrarse en el derecho histórico para el análisis de los fenómenos jurídicos.

También resalta la Historia del Derecho como la ciencia jurídica más importante para la doctrina, fundamentándose en la antigua legislación romana y germana.

Este criterio histórico, unido el análisis de lógica jurídica, origina la jurisprudencia conceptual. La finalidad de la esta clase de jurisprudencia es la sistematización formal de los conceptos jurídicos, con una metodología rigurosa.

En contraposición a la jurisprudencia conceptual, Rudolf von Ihering., elaboró la teoría de la jurisprudencia de intereses. En sus consideraciones, Ihering afirmaba que la esencia del derecho es la garantía y protección de los intereses humanos, y que el derecho no es un cuerpo normativo basado en la lógica, sino en los fines sociales.

2.1.5 La escuela inglesa

Esta escuela se originó en Inglaterra del Siglo XIX hasta mediados del siglo XX. Sus representantes fueron los filósofos Jeremy Benthan y John Austin, los cuales fueron influenciados por la ideología utilitarista de la época.

John Austin considera que el Estado es el originador de las normas jurídicas, y que las leyes son mandatos que deben ser cumplidos por los individuos. Planteaba que el Estado crea las leyes a través de jurisprudencia, y que las costumbres devienen en normas jurídicas por las decisiones judiciales.

2.1.6 El juspositivismo de Hans Kelsen.

Hans Kelsen, en su obra "Teoría pura del derecho", sostiene el marco teórico más relevante dentro de la corriente de pensamiento juspositivista.

La fundamentación principal de su obra es la exclusión del derecho frente a las demás ciencias, principalmente la moral y la filosofía y la sociología, para unificarlo como una ciencia independiente.

Para Kelsen, la exigencia de escindir el derecho de la moral, y la ciencia jurídica de la ética, significa que la validez de las normas jurídicas positivas no depende de su correspondencia con el orden moral; que desde el punto de vista de un conocimiento dirigido al derecho positivo, una norma puede ser tenida por válida aun cuando contradiga al orden moral.

Otro aporte de Kelsen a la doctrina jurídica es la jerarquización. Consideró que la validez de la norma reside en su orden jerárquico en el sistema.

2.1.7   El juspositivismo de H.L. A. Hart.

Herbert Lionel Adolphus Hart fue un destacado filósofo y jurista inglés que desarrolla una clasificación propia sobre la norma jurídica en su obra "Concepto de Derecho".

Hart rechaza la tesis juspositivista de John Austin, ya que al realizar una comparación entre los diferentes tipos de normas en un sistema jurídico, existen varios grupos, según el contenido de la norma jurídica, origen y ámbito de aplicación

Como consecuencia de esta agrupación, Hart plantea la clasificación normativa siguiente:

Norma Primaria: Es aquella que impone obligaciones a los individuos sujetos de derecho. Esta norma recae en la aplicación del derecho penal, ya que está vinculada al poder sancionador del derecho.

Norma Secundaria: Es la que confiere facultades y poder de decisión. Está vinculada a la potestad de las personas para dirigir sus relaciones jurídicas mediante la celebración de contratos.

Las normas secundarias se dividen de la manera siguiente:

Regla de reconocimiento: Establece los requerimientos que debe tener una norma para adquirir valor jurídico.

Reglas de cambio: Examina las condiciones de los actos para una modificación del ordenamiento jurídico.

Reglas de adjudicación: Delimita los requisitos de las decisiones judiciales para que estas sean consideradas bajo los principios de la verdad jurídica. [12]

2.2   Clasificación del juspositivismo.

Juspositivismo ideológico: Es la acepción del derecho positivo que se enfoca en el cumplimiento del derecho por su aspecto coercitivo, y que la norma de derecho es suficiente para crear obligaciones, desvinculado de cualquier justificación moral.

Juspositivismo Formal: Es la tesis que propugna el derecho como un sistema lógico, coherente y pleno, y solamente acepta la validez de la interpretación literal de la norma.

Juspositivismo Imperativo: Es la vertiente que valida la norma solamente como un mandato emanado por una autoridad a la cual se le debe obediencia. Tomando este principio, la ley es la fuente de derecho principal, como expresión de soberanía del Estado.

---

[12] Tamayo Valenzuela, José Alberto. La teoría del derecho de H.L.A. Hart. 1985.

Juspositivismo analítico: Es el criterio del juspositivismo que plantea al derecho como entidad diferenciada de la moral, pasible de análisis y definición sin referencias morales. Esta descripción acepta la existencia de leyes justas e injustas, sin necesidad de tomar en cuenta la moral para su validez.

Juspositivismo lógico: Es el que afirma que la ciencia jurídica debe permanecer separada de factores externos y que esta no es descriptiva de la realidad, ni es enunciada en base características empíricas. Esta teoría es postulada por el jurista Hans Kelsen.

En las todas las concepciones juspositivistas, predomina la tesis del juspositivismo analítico, ya que este se concentra en el análisis lingüístico y lógico de la normativa. Existe una tendencia crítica al juspositivismo, basada en la falta de respuestas a los problemas morales de la sociedad. Sin embargo, estas posturas no menoscaban las contribuciones de esta corriente de pensamiento, como la valoración racional del derecho escrito, la interpretación lógica de las normas, el uso de los antecedentes históricos para el análisis jurídico.

2.3   El jusnaturalismo

El jusnaturalismo es la corriente de pensamiento jurídico que sostiene la existencia de una ley natural reguladora de la conducta humana, y que esta ley es el principio básico del derecho que debe valorarse para el ordenamiento jurídico.

La acepción jusnaturalismo abarca un grupo teórico jurídico que afirma que la legitimidad de la ley positiva está subordinada a los mandatos de la ley natural. Para el jusnaturalismo, la ley natural constituye un orden existencial anterior al derecho positivo. No es un derecho escrito es escrito, proviene de la consciencia humana y es igual para todos los miembros de la sociedad.

El término jusnaturalismo se justifica en la necesidad de distinguir la justicia natural y la justicia legal, expuesta como la dualidad entre el derecho natural y el derecho positivo. De esta diferenciación se derivan dos teorías separadas: la primera que plantea la justicia como prevalencia de la ley del más fuerte, con aceptación del ejercicio fáctico del poder, y la segunda que sostiene la condición de mutabilidad de la justicia.

El jusnaturalismo es consecuencia de un período de cambios económicos y sociales que transforman la concepción del Estado, como la Revolución Francesa y la Revolución Industrial. Estos acontecimientos, conjuntamente con la Ilustración, modifican la ideología del Estado unilateral, con autoridad incuestionable, a un Estado producto del consentimiento de los individuos, otorgado mediante un contrato social.

Dentro de los propulsores del jusnaturalismo podemos citar a los filósofos Zenón, Cicerón y Jean Jaques Rousseau.

Los principales postulados del jusnaturalismo son los siguientes:

Prevalencia de la ley natural: la ley natural es universal, anterior al hombre, inviolable, inmutable, y tiene primacía sobre todas las demás leyes.

Racionabilidad: Los principios de la ley natural son adquiridos por el individuo por la racionalidad y la consciencia personal.

Moralidad: El derecho y la moral son inseparables, y la fuente principal del derecho es la costumbre.

2.3.1 Antecedentes del jusnaturalismo.

Las primeras referencias jurisnaturalistas figuran en los escritos de Platón y Aristóteles. En su obra "Ética a Nicómaco", Aristóteles diferencia la justicia legal o convencional y la justicia natural. De igual forma, afirma que la ley natural no es inmutable, porque la misma naturaleza humana es mutable, y que la racionalidad es parte de la ley natural.

La escuela estoica también considera que la razón humana es parte de la ley natural, y que esta provee la inteligencia y la consciencia que determina la justicia y la injusticia.

Cicerón, en su obra "Los Oficios" entiende que la ley natural es eterna, inmutable, y que ninguna autoridad limita su obediencia, porque está originada en Dios.

Para este filósofo y jurista romano, la honestidad y la justicia son los máximos valores humanos. La honestidad es conexa a la utilidad, ya que lo que es deshonesto, también es inútil, explica que la maldad es sólo producto de un error de juicio, debido a que el hombre solamente ve el provecho de las acciones corruptas, sin deliberar en las sanciones que conllevan. [13]

2.3.2 El jusnaturalismo cristiano.

La iglesia cristiana continuó los preceptos de los antiguos filósofos griegos y romanos sobre el jusnaturalismo.

Dentro de los exponentes del jusnaturalismo cristiano podemos señalar a Ireneo, Agustín de Hipona, Isidoro de Sevilla y Tomás de Aquino.

Las escuela Patrística, fundada por los padres de la Iglesia, plantean la teoría de la ley natural en la visión del hombre como imagen de y semejanza de Dios. Para esta escuela filosófica cristiana, el hombre es se compone de un cuerpo y un alma, creado con el fin de alcanzar la felicidad.

Para la Patrística, la felicidad se obtiene modelando las acciones humanas, conforme a los mandatos del Creador. Este mandato natural se encuentra en todos los seres humanos, y es ley eterna.

---

[13] Cicerón. Los oficios. Sexta edición. México. Editora W.M. Jackson, Inc. 1973.

La Escolástica, iniciada por Tomás de Aquino, combina el jusnaturalismo tradicional de Aristóteles y la teología cristiana.

Tomás de Aquino plantea que una acción es buena o mala si contribuye a alejar o acercar al hombre a la felicidad. Esta concepción de felicidad se entiende en los términos de plenitud, perfección y bienestar. Sin embargo, la felicidad requiere alcanzar una gama de virtudes intelectuales y morales que permiten entender su naturaleza y búsqueda de forma consistente.

La corriente filosófica escolástica cree que no es posible el logro de la felicidad en la vida terrenal, sino que consiste en la beatitud y unión con Dios. Este fin va más allá de la capacidad humana, y con consecuencia, no solamente necesitamos la virtud, sino que Dios transforme la naturaleza y la perfeccione.

Por otra parte, Tomás de Aquino entiende que el hombre tiene propensión al pecado heredada de Adán, y que esta naturaleza debe ser enmendada por Dios.

2.3.3. El jusnaturalismo moderno

El punto distintivo entre el jusnaturalismo clásico y el moderno reside en la concepción de derecho subjetivo y ley natural. El jusnaturalismo clásico destaca el concepto de derecho natural a partir de la ley natural, por otra parte, el jusnaturalismo enfatiza el derecho como facultad moral.

Los principales propulsores del jusnaturalismo moderno son el sacerdote jesuita español Francisco Suarez y el jurista holandés Hugo Grocio.

Francisco Suarez, seguidor de la escuela escolástica, se fundamenta en los principios filosóficos esgrimidos por Platón y Tomás de Aquino para afirmar que el mundo está gobernado por la Ley de Dios, y que su eternidad y omnipotencia no está supeditada a obligatoriedad de la ley escrita, ´

Dentro de la ley natural, tipifica los actos humanos como morales, cuando son libres, y creativos, cuando generan efectos externos. Considera que la ley natural se deriva de la racionalidad, y es la base de la rectitud del comportamiento humano, el cual posee las facultades de discernimiento y lógica.

Los principios de la ley natural no son verdaderos, porque no están fundados en una La ley preceptiva, ni en una voluntad humana, solamente divina, que proviene de Dios.

Sobre la obligatoriedad de la ley natural, Francisco Suarez concluye que para la realización de todo acto humano se requieren las cualidades de inteligencia y voluntariedad, y en consecuencia, sin estos elementos no existe responsabilidad ni libertad. [14]

---

[14] Beltrano, Olga Beatriz. *La ley natural en la doctrina de Francisco Suarez.* 2014. ISSN 1893-7596.

Respecto a la inmutabilidad de la ley natural, entiende que la ley natural puede cambiarse por limitación o derogación, y que esta no puede desaparecer si subsiste la racionalidad del hombre.

Con el jurista holandés Hugo Grocio inició una transformación ideológica, y sus aportes doctrinarios marcaron la transición del jusnaturalismo clásico y cristiano al moderno, además de servir de base a los principios del derecho internacional.

En su obra "Del derecho de la guerra y de la paz", Grocio sostiene que el derecho natural es un dictado de la recta razón, que indica que alguna acción por su conformidad o disconformidad con la misma naturaleza racional, tiene fealdad o necesidad moral, y de consiguiente está prohibida o mandada por Dios, autor de la naturaleza.

Además, afirma que los actos, sobre los cuales recae tal dictado, son lícitos o ilícitos de suyo, y por lo tanto, se tornan como mandados o prohibidos por Dios, necesariamente; en el cual concepto se diferencia este derecho, no solamente del humano, sino también del divino voluntario, el cual no manda o prohíbe lo que de suyo y por su misma naturaleza es lícito o ilícito, sino que prohibiendo o mandando hace las cosas lícitas o ilícitas.
De acuerdo con la tesis jusnaturalista de Grocio, el derecho natural no versa solamente sobre la voluntad humana, sino a los actos que prosiguen a esta voluntad. [15]

El derecho natural proviene de la sociabilidad y racionalidad del hombre. Como consecuencia de esta sociabilidad, es necesaria la existencia de normas inmutables e indiscutibles, para el mantenimiento del orden.

2.3.4 El jusnaturalismo de Gustav Radbruch

El filósofo y jurista alemán Gustav Radbruch, desarrolla una tesis jusnaturalista con características propias. La teoría filosófica de Radbruch es continuadora del neokantismo, y presenta una postura opuesta al juspositivismo.

Es necesario señalar que las ideas de Radbruch provienen de los hechos históricos que influyen en su pensamiento, como el estallido de la Segunda Guerra Mundial, la expansión del nazismo, el holocausto y los juicios de Núremberg.

Radbruch, en su obra "Filosofía del Derecho", separa tres sistemas de valoración del derecho y el Estado, que son los siguientes:

Sistema individualista: Es el que vincula las relaciones entre el Estado y el Derecho para la concreción de las relaciones entre particulares.

---

[15] Grocio, Hugo. Del derecho de la guerra y de la paz. Tomo 1. España, Editorial Reus, S.A. 1925.

Sistema comunitario: Se caracteriza por ser conservador y supra individual.

Sistema de valores objetivos: Es el resultado de la cultura, el cual es una consecución del trabajo común y propiciador de una cultura política corporativa. [16]

Dentro de las motivaciones principales en contra del juspositivismo, esgrimía el principio que el cumplimiento estricto de la ley sin principio moral, deja en estado de indefensión a los individuos frente a la arbitrariedad de la norma.

Respecto a la validez de la normativa, planteaba que la obligatoriedad del derecho positivo residía en el valor inherente la ley, sino en el bien común y la justicia.

Para Radbruch, el derecho natural proviene de la idea del derecho, no sobre su materia. La idea de derecho proviene de la razón,   tiene validez universal y refleja el momento histórico.

Las diferentes corrientes jusnaturalistas han contribuido al desarrollo de los marcos jurídicos supranacionales, como la Convención de los Derechos Humanos, la doctrina del derecho internacional, el cuestionamiento a la guerra, y a una valoración moral de la norma.

2.4   La teoría egológica del derecho.

El jurista y filósofo argentino Carlos Cossio elaboró una tesis explicativa del derecho, fundada en la corriente existencialista, para construir un sistema denominado teoría egológica o normativismo.

La Teoría Egológica trata de integrar la concepción del derecho en lo referente a los campos de la Ontología Jurídica, Lógica Jurídica Formal, Lógica Jurídica Trascendental y Axiología Jurídica.

Por otra parte, un elemento de esta tesis es la consideración que la ciencia jurídica es pasible de descalificación, y que debe existir un marco filosófico que permita la diferenciación de la verdad del error ideológico. De este modo, la Teoría Egológica analiza el Derecho como una ciencia basada en los factores de intuición, comprensión y pensamiento normativo.

La teoría egológica se basa en los aspectos siguientes:

Conductismo jurídico: El derecho es un conjunto de normas de conducta, y en consecuencia, se derivan de los pensamientos y conceptos de esta.

---

[16] Radbruch, Gustav. Filosofía del derecho. España. Editorial Reus. 2007. ISBN 978-84-290-1485-3.

Esta tesis tipifica los objetos culturales en los mundanales, que provienen de la naturaleza y egológicos, que emanan de la conducta humana.

De acuerdo a la teoría egológica, el derecho, al proceder de la conducta humana, se define como un objeto cultural egológico. Se opone a la ciencia jurídica como el estudio de normas, ya que sostiene que el objeto del derecho es la conducta humana.

Lógica jurídica formal: Para Cossío, la lógica jurídica se antepone al deber ser, y le otorga carácter de juicio disyuntivo, no hipotético.

Lógica jurídica transcendental: El pensamiento jurídico se analiza a partir del conocimiento de la conducta, y entiende que la interpretación de la norma va guiada por la relación entre la norma y conducta.

Valoración jurídica: La teoría egológica distingue dos sistemas de valores de la norma, que categoriza como valores puros y valores positivos.

2.5   Teoría tridimensional del derecho.

La Tesis Tridimensional del Derecho es una corriente de pensamiento propuesta por los juristas Miguel Reale y Carlos Fernández Sessarego.

Esta teoría analiza el derecho desde un punto de vista de tres dimensiones: fáctica, normativa y axiológica.

Dimensión fáctica: Define el derecho como una parte de la realidad inmanente individuo en sociedad. Igualmente, el derecho está relacionado con otros fenómenos políticos y económicos.

Dimensión normativa: Se admite el derecho en el sentido estricto, como regulador de la conducta social de los individuos, vista en la norma jurídica, separado de la norma moral por la coacción.

Dimensión axiológica: Confiere al derecho un sistema de valores como el orden, la seguridad, la justicia.[17]

---

[17] Pisi de Catalini, Marta. La teoría egológica de Carlos Cossio y el tridimensionalismo jurídico de Miguel Reale. Anuario de filosofía argentina y americana Vol. 8-9. 1991-1992, ISSN 1514-9935.

CAPÍTULO 3

EL CONTRACTUALISMO SOCIAL Y EL DERECHO.

El contractualismo social es un conjunto de tesis filosóficas, políticas, sociales y jurídicas, que sostiene que la sociedad y el Estado se originan en un acuerdo común. El contractualismo proviene de la necesidad de estudio de los elementos de las relaciones entre los ciudadanos y la organización del Estado.

Este concepto abarca una teoría política de la legitimidad de la autoridad política y la teoría moral sobre el origen del contenido legítimo de la norma moral. La teoría política de la autoridad expresa que la autoridad legítima del gobierno se deriva del consentimiento de los gobernados, donde la forma y contenido de este consentimiento se desprende de un contrato mutuo.

La teoría moral del contractualismo expone que la fuerza de la norma moral procede de la idea del pato social. Los contractualistas son escépticos de la posibilidad de qua moral se fundamente en ideal divino o perfecto de la naturaleza humana.

Algunos de los contractualistas más relevantes en la historia del pensamiento político incluyen a Thomas Hobbes, John Locke, Kant y Jean Jacques Rousseau. El más importante de los contractualistas contemporáneos es el jurista y filósofo del derecho John Rawls, quien desarrolló nuevas tesis sobre el contractualismo en la primera mitad del siglo XX.

La ideología contractualista prosperó durante el periodo de la Ilustración. Es en este lapso histórico cuando los pensadores de la época cuestionan la autoridad monárquica y el orden establecido se encuentra en estado de fragmentación.

Esta época se caracterizó por una expansión cultural, económica y política. La Ilustración conllevó un nuevo sistema de valores, como la autonomía personal, el racionalismo, el individualismo y la secularización, que culminaron con la Revolución Francesa.

El contractualismo proveniente de la tesis hobbesiana sostiene que las personas son interesadas en sí mismas, y que una evaluación racional de su conducta para su propio interés e las lleva a actuar moralmente y a consentir la autoridad. Además postula que el individuo está motivado a aceptar la moral, porque es vulnerable a los depredadores, y porque puede beneficiarse de la cooperación con los demás miembros de la sociedad.

La teoría contractualista kantiana argumenta que la racionalidad requiere el respeto a las personas, y que los principios morales son justificables en cada individuo. En adición a esta idea, entiende que los individuos no están motivados por el interés, sino por un compromiso de justificar sus propios estándares morales.

El contrato social se funda en la caracterización del estado inicial de la humanidad, llamado indistintamente estado de naturaleza, posición original o posición inicial, y una descripción de las partes en el contrato en términos de racionalidad y motivación para pactar.

La situación inicial en la teoría de la negociación es llamada posición de no negociación, que cuando existe un fracaso del individuo en el contrato. Esta situación puede ser más o menos hostil o social, según la concepción de cada teórico sobre la vida humana en ausencia de las reglas de moralidad o justicia. Sin embargo, para todos los contractualistas es crucial la escasez de beneficio con respecto a la interacción y cooperación social.

Las teorías contractualistas contemporáneas intentan fundamentar la legitimidad del gobierno es un deber moral, que está representado en un acuerdo justo e imparcial. Mientras algunos contractualistas justifican el requisito de un convenio equitativo por razones externas, otros sostienen que el éxito de un contrato social reside en asegurar la interacción y la cooperación de las partes.

La doctrina contractualista reciente se concentra en la aseguración de la justicia y la imparcialidad en la negociación sin apelar ninguna norma moral externa. Para estos doctrinarios, todas las normas morales son el resultado de agentes racionales.

Algunos puntos de controversia entre los contractualistas recaen sobre el papel del estado de naturaleza en la teoría. Existen algunas consideraciones sobre si el estado de naturaleza fue un momento histórico real o una hipótesis. El filósofo escocés David Hume objetó el concepto de normativa moral o teoría política basada en un convenio histórico, ya que la anuencia de un ancestro no es vinculante.

Los filósofos políticos como Roland Dworkin, rechazan la idea de un contrato hipotético, en el sentido que si un contrato es hipotético no representa ningún acuerdo.

En respuesta a este planteamiento, David Gauthier defiende el contrato hipotético en términos de la heurística, fundado en que la base del pacto social no es un vínculo, sino el principio de racionalidad de los individuos y el beneficio de las partes.

Mientras las corrientes teóricas principales se enfocan en el contrato social como un concepto hipotético, algunos contractualistas modernos, como Carole Pateman asumen una postura crítica al concepto del pacto social histórico. La politóloga Carole Pateman sostiene que el contrato social se utiliza para una justificación del privilegio racial y el patriarcado.

Otros puntos divisivos del contractualismo contemporáneo consiste en la definición de las condiciones ideales y quiénes son las partes que se obligan en un contrato hipotético.

Este elemento contractualista describe los contratantes potenciales en dos vertientes: primero, los contratantes deseos y preferencias mínimas, y segundo, como individuos que tienen capacidad para una interacción racional con los demás.

Las teorías contractualistas abarcan estándares altos para motivación y mantenimiento de los acuerdos. Se evita asumir que las personas tienen preferencias por conductas morales para fundar reglas de moralidad o justicia, ya que el interés propio no necesariamente incluye el bienestar de los demás.

Estas preferencias propias son denominadas no tuistas. Sin embargo, estas motivaciones no tuistas no son suficientes para justificar las razones de un contrato social, ya que existen situaciones en que el individuo guía su conducta basada en principios altruistas.

En este tenor, se presume que las personas son racionales y capaces de entender que la satisfacción de los deseos individuales no es excluyente a la interacción y la cooperación social. Los contractualistas describen la racionalidad de forma instrumental, subjetiva y preferencial.

La conducta racional implica maximizar la satisfacción de las preferencias subjetivas. Los contractualistas se basan en el hecho crucial que el hombre es capaz de cooperar para producir más que individualmente, lo que hace racional la colaboración en ciertos términos. En consecuencia, esta racionalidad implica una voluntad de cooperación sin sacrificio propio. En adición a lo anterior, a este deseo de beneficio se incluye el sentido de la reputación para adherirse a la norma moral.

El contractualismo sostiene que sin reglas de justicia para la cooperación, los individuos están peor que bajo su propio albedrío. Por consiguiente, es un principio racional la adopción de algunas reglas de moralidad y justicia.

Estos aspectos, el interés propio y la capacidad de beneficio de la interacción con los demás, constituyen el término circunstancias de justicia, el conjunto de condiciones en las cuales las normas son posibles y necesarias. El pacto social y la justicia sólo son posibles donde existe el beneficio de cooperación mutua.

Las teorías contractualistas postulan que los individuos tienen la capacidad de juzgar por sus propios intereses y los medios para satisfacer sus deseos. En este tenor, existen semejanzas entre la doctrina liberal y el contractualismo.

Dentro de las críticas al contractualismo clásico está la situación que la restricción de la libertad puede llevar la legitimación del totalitarismo. Otro aspecto es que la descripción de los contratantes es que cada individuo debe resultar beneficiado de la inclusión, ya que deja a los discapacitados, los pobres y los animales fuera del ámbito de la justicia, situación que es inaceptable.

Además, el contractualismo requiere una serie de normas morales previas para guiar la formación del acuerdo, ya sean naturales, racionales o convencionales. La primera regla prescrita es que el contrato social no puede ser forzoso o fraudulento. No es posible el acuerdo social bajo amenaza de coerción o amenaza de violencia física. Este principio se base en que se permite el uso de la violencia, no existe diferencia entre el contrato y el estado de naturaleza.

Sin embargo, hay una distinción entre la coerción por amenaza de violencia, y la cesión de derecho por la amenaza de penuria para lograr un acuerdo desfavorable. Por esta razón, algunos contractualistas argumentan que debe existir un inicio justo e imparcial para la negociación de un acuerdo estable y seguro.

La segunda regla del convenio es que cada individuo, como parte legítima del contrato debe consentir el sometimiento a la regla derecho que resulte del contrato.[18]

3.1 Elementos del contractualismo social

La doctrina contractualista se basa en los siguientes elementos:

---

[18] Enciclopedia Brittannica. Consultado en https://www.britannica.com/

Sociabilidad. El ser humano es un ser social, porque esta sociabilidad es lo que le permite la sobrevivencia y dominio como especie cada acción individual es social, ya que afecta a los demás y contribuye a su cohesión. Además, el pensamiento y la conducta humana son el reflejo de esta sociedad.

Implicitud: el contrato social no es un pacto que conlleva una formalidad jurídica, sino que figura entendido por todos los miembros de la sociedad.

Voluntariedad: para que el acuerdo social sea viable, todos los individuos deben consentir el sometimiento a los principios de derecho y a la autoridad, ya que sin la anuencia de los miembros de la sociedad, no existe el concepto de contrato y la autoridad es ilegítima.

Reciprocidad: el convenio social implica un ejercicio de deberes y derechos, además de una restricción de la libertad a los dictados del bien común frente al Estado.

3.2 El contractualismo antiguo.

Las ideas contractualistas se remontan a la Antigua Grecia. Es en Grecia donde emergen los primeros conceptos que la sociedad y sus instituciones se basan en un acuerdo y sus individuos.

Las primeras formulaciones de una teoría contractualista se encuentran en el Siglo 5 A.C., en las obras del orador Antífono y los filósofos sofistas.

La obra de Antífono contiene tesis jusnaturalistas, prevalentes sobre el derecho positivo. Algunos sofistas presentaron posturas críticas sobre las maneras de impartir justicia, que consideraban como ineficaces. Antífono diferencia la ley natural de la ley positiva.

Además argumenta que las personas crean leyes que resultan del consentimiento o acuerdo del interés individual. Para Antífono, la ley positiva es artificial, mientras que la ley natural es obligatoria e inevitable.

Esta creencia de artificialidad de la ley positiva, lo hace afirmar que la ley positiva puede ser violentada para evitar la sanción, y considera la idea del contrato social como la base de la sociedad

En la obra "Diálogos" de Platón, el filósofo Protágoras expone sus puntos de vista sobre el contrato social.

Para Protágoras, cada persona ingresa a una comunidad política por razones de preservación, y acuerda obedecer ciertas normas diseñadas para su propia sobrevivencia y los demás miembros de su comunidad.

Los filósofos seguidores de Sócrates plantean que es beneficioso un contrato entre los individuos para evitar daños e injusticias.

En la sociedad griega, cada joven ateniense, al cumplir la mayoría de edad, se le otorga una porción terreno, y alcanza la ciudadanía con derecho al voto, según las costumbres de la ciudad estado, y esto implica la aceptación de un contrato social con valores de conducta, o en caso contrario, debía abandonar la ciudad.

3.3 El contractualismo de Thomas Hobbes

Thomas Hobbes fue el primer filósofo moderno en desarrollar una tesis contractualista, planteada en su obra "Leviatán". le corresponde vivir momentos cruciales en la historia moderna de Inglaterra, como la Guerra Civil Inglesa que dividió a los monarquistas y parlamentaristas.

Si bien es cierto que en sus trabajos no se establece la acepción del contrato social, para Hobbes, el orden político es una consecución de un convenio adoptado de forma libre y este acuerdo constituye la base la autoridad.

Hobbes entiende que por su naturaleza, los individuos son iguales, y que de no existir el pacto social, el hombre se disminuye a un estado llamado de naturaleza, en el cual predomina el instinto de conservación, ausente de seguridad y el enfrentamiento de todos contra todos, bajo el principio "homo homini lupus" (El hombre es lobo contra el hombre).

Las consecuencias de vivir en el estado de naturaleza son la incertidumbre, el temor permanente y el peligro. Este adagio latino es un reflejo del miedo de la sociedad a sí misma, y como resultado de este miedo, restringe parte de las libertades en nombre del bien común y la deposita en manos de un soberano con autoridad absoluta e indivisible para hacer cumplir las leyes.[19]

3.3 El contractualismo de John Locke

La teoría contractualista del filósofo inglés John Locke figura expuesta en su obra "Dos Ensayos sobre el Gobierno Civil".-

La ideología de Locke respecto a la naturaleza humana corresponde a los principios del cristianismo. Para Locke, el hombre es una criatura producto de la creación de Dios, la igualdad y que la libertad son consecuencias de esta condición. También sostiene que la libertad del hombre no constituye licencia, ya que este no puede destruirse a sí mismo.

---

[19] Hobbes, Thomas. Leviatán. Editora Libros Tauro. 2005;

La tesis de Locke expresa que la libertad natural es independiente de todo poder terrenal, y que la voluntad del hombre está solamente subordinada a la ley natural. La idea de libertad consiste en seguir la voluntad en lo que la ley no prohíbe.

Este filósofo plantea que el contrato social tiene la finalidad de suplir las carencias del estado de naturaleza, y la necesidad de necesidad de una autoridad que aplique los principios de justicia, en caso de diferendos ente dos o más individuos.

Por ende, la existencia de la sociedad civil o política está supeditada a la unión de los individuos, con la condición de renuncia de algunas prerrogativas, como la ejecución de la ley natural, a favor de la comunidad.

Locke sostiene que el contrato social tiene un alcance limitado, debido a que su finalidad reside en la designación de un juez con la función deliberativa en situaciones de controversias provenientes del la ley natural, y la creación de normas continuadoras de la ley natural, que reconozcan y aseguren la vida, igualdad, libertad y propiedad de los individuos.

La teoría contractualista de Locke clasifica la sociedad en civil y política. La sociedad civil dispone la convivencia de los individuos entre sí, mientras que la política crea las relaciones entre los gobernantes y gobernados.

Esta sociedad proviene del consentimiento de los individuos para la formación de un cuerpo político bajo un régimen de gobierno y la organización del Estado.

La sociedad civil se forma a partir de la renuncia de los individuos a la ejecución de la ley natural, para ceder esta prerrogativa al juez y la autoridad comunitaria.

Esta tesis se contrapone a la teoría contractualista hobbesiana, en el sentido la monarquía las decisiones no son imparciales ni apelables, y en consecuencia la autoridad monárquica es incompatible con la sociedad civil.

Locke considera que existen tres factores que llevan a los individuos a la creación de una sociedad:

Ley positiva: para la convivencia de los individuos, es necesaria la creación de leyes consentidas, fijas, conocidas por todas las partes, para regular la conducta de los ciudadanos.

Institución de un juez: el estado naturaleza carece de un juez público e imparcial, con autoridad para la resolución de conflictos.

Ejecución de la ley: para el cumplimiento de las leyes, es un requisito primordial una autoridad sancionadora que ejecute las sentencias emitidas por el juez.

Estado de indefensión: el contrato social es necesario para la protección de individuos que se encuentran en condiciones de discapacidad, enfermedad, o no puedan valerse por sí solos.[20]

3.4 El contractualismo de Jean Jacques Rousseau.

Jean Jacques Rousseau fue uno de los representantes más importantes del periodo de la Ilustración en Francia. Sus obras más destacadas en el campo del contractualismo son "Discurso sobre el origen de la desigualdad entre los hombres" y "El contrato Social"

El ensayo "Discurso sobre el origen de la desigualdad entre los hombres", Rousseau describe la evolución moral y política desde el estado de naturaleza a la sociedad moderna. [21]

Para Rousseau, el estado de naturaleza no constituye una situación de conflicto constante, como afirmaba Hobbes, sino un estado de convivencia pacífica, debido a la población reducida, sin motivación para el miedo o la guerra.

El contrato social proviene de las transformaciones humanas, como la propiedad privada, el crecimiento de la población y los avances tecnológicos.

Con la propiedad privada la desigualdad se hace más pronunciada con el inicio de la sociedad de clases. Esta diferenciación social lleva a la necesidad de la creación de un gobierno que proteja la propiedad privada de aquellos que no la tienen.

De esta forma, el gobierno se establece a través de un contrato que garantice la igualdad y la protección para todos, aunque su propósito verdadero sea mantener las inequidades producidas por la propiedad privada.

Para Rousseau, el contrato social no es un convenio con la finalidad de proteger los intereses de los individuos, sino de la minoría que se beneficia de la propiedad privada.

La tesis contractualista de Rousseau se basa en que los humanos son libres, sin embargo, los cambios en la civilización subordinan esta libertad a través de las desigualdades económicas y sociales. La finalidad del contrato social consiste en la restauración de la libertad y la convivencia pacífica.

En el mismo criterio de Hobbes y Locke, afirma que ninguna persona tiene el derecho natural a gobernar, y que la única autoridad válida es la que se genera por el consentimiento de los miembros de la sociedad.

---

[20] Locke, John. Dos tratados sobre el gobierno civil.
[21] Rousseau, Jean Jacques. Discurso sobre el origen de la desigualdad entre los hombres. Editorial Libros Tauro. 2005.

El convenio social es el acuerdo de los individuos para reunir y formar un pueblo, una colectividad. Mediante esta cesión colectiva de las libertades individuales que otorga el estado de naturaleza, se forma un nuevo cuerpo colectivo.

La soberanía reside en la voluntad general expresada en el cuerpo político, inalienable e indivisible. Esta voluntad no equivale el deseo de la mayoría, porque no es la suma de todos los deseos, sino una suma de propósitos inspirada en el bien común.

Para evitar el monopolio de la autoridad, sostiene que el poder legislativo es la única autoridad llamada a representar los intereses de los individuos. Rousseau utiliza el término república para referirse a cualquier sociedad gobernada por la voluntad del pueblo. Los derechos civiles son actos de voluntad general, y deben ser obedecidos por todos los ciudadanos.[22]

3.5 El contractualismo de John Rawls

La tesis de John Rawls está desarrollada en su obra "Teoría de la Justicia", y se basa en las prácticas sociales y las instituciones.

El fundamento de esta teoría contractualista. es que la igualdad, o una distribución justa de ventajas, debe dirigirse a través de la Constitución y las leyes que estructuran las instituciones. Sostiene que las instituciones justas influyen en la vida social, y que se debe dejar a los individuos el ejercicio libre de las libertades básicas.

Para Rawls, la idea principal de la justicia está relacionada a la imparcialidad. La justicia es la primera virtud de las instituciones sociales, y que si no se cumple con este principio, deben ser reformadas o abolidas. El individuo tiene una inviolabilidad que no puede ser sacrificada por el bienestar colectivo.

Para llevar esta idea central, Rawls toma como tema central la estructura básica de la sociedad, definida como la forma en que las instituciones sociales caben en un sistema, cómo asignan derechos y deberes fundamentales, demás como conforman la división de las ventajas que provienen de la cooperación social.

La sociedad está bien ordenada no sólo cuando fue organizada para promover el bien de sus miembros, sino cuando también está eficazmente regulada por una concepción pública de la justicia.

Para que se cumpla este objetivo, cada individuo tiene que aceptar y conocer los principios de justicia, y las instituciones deben satisfacer estos principios.

---

[22] Rousseau, Jean Jacques. El contrato social. Editorial Libros Tauro. 2005.

En la teoría contractualista de Rawls, la justicia por sí sola no es suficiente para una sociedad viable. Los factores primordiales para la convivencia en una comunidad son la coordinación, la eficacia y la estabilidad.

Principio de coordinación: los planes individuales deben ser compatibles entre sí, para que puedan ser ejecutados sin dañar las expectativas de los demás.

Principio de eficacia: la ejecución de los planes individuales deben tener consecuencias que sean eficientes y compatibles con la justicia.

Principio de estabilidad: el esquema de cooperación social debe cumplirse y las reglas básicas de convivencia deben obedecerse de forma voluntaria. En caso contrario, la autoridad debe tener una función estabilizadora para prevenir violaciones posteriores y mantener el orden jurídico.

El contractualismo de Rawls tipifica el principio de justicia en dos variantes: Primero: Los individuos tiene derecho a un sistema de libertades básicas compatible con los demás; Segundo: Las ventajas económicas y sociales deben ser reguladas de forma asequible para todos.

La primera variante se refiere a las sistema de libertades básicas como el derecho al voto, la libertad de expresión y reunión, libertad frente a la opresión psicológica, la agresión física y el desmembramiento (integridad de la persona); el derecho a la propiedad personal y la libertad respecto al arresto y detención arbitrarios, tal y como está definida por el concepto de estado de derecho.

La segunda variante es aplicable a la distribución del ingreso y la riqueza y a formar organizaciones que hagan uso de las diferencias de autoridad y responsabilidad o cadenas de mando.

La tesis contractualista planteada por Rawls es una de las más modernas en la doctrina jurídica, recibe una gran influencia del pensamiento kantiano, y se caracteriza por tener un fundamento social más estructurado, ya que se concentra principalmente en la idea de justicia basada en el contexto de la libertad individual y la distribución eficiente de los beneficios sociales. [23]

---

[23] Rawls, John. Teoría de la justicia. Estados Unidos. The Belknapp Press of Harvard University Press. Cambridge Mass. 1971. ISBN 674-88014-5.

CAPÍTULO 4
ASPECTOS CIENTÍFICOS DEL DERECHO

El derecho puede definirse como una ciencia social, ya que abarca el estudio del ordenamiento social de un Estado.

La acepción ciencia del derecho incluye dos sentidos: 1) En el sentido lato, comprende todas las disciplinas relacionadas al derecho, tomando en cuenta la filosofía del derecho; 2) En el sentido estricto, se refiere a la ciencia que tiene por objeto el análisis, integración y sistematización de un ordenamiento jurídico determinado.

Para un estudio de la ciencia jurídica, no es posible prescindir de las demás ciencias, como la filosofía, la historia, la psicología, la sociología, la antropología, la política, la economía, y en la actualidad, la informática.

4.1 Concepto de ciencia

Ciencia se define como el conjunto de conocimientos obtenidos mediante la observación y el razonamiento, sistemáticamente estructurados y de los que se deducen principios y leyes generales con capacidad predictiva y comprobables experimentalmente. También se describe como la habilidad, maestría, conjunto de conocimientos en cualquier área.

La ciencia estudia las nociones fundamentales sobre el origen, naturaleza y propiedades de las cosas, para que resulte comprensible su definición y la comprobación de la verdad.

Para alcanzar el conocimiento, la ciencia se ocupa de analizar los fenómenos, sus causas y enunciarlas por medio de leyes.

4.1.1 Características de la ciencia:

Para que un conjunto de conocimientos sea considerado una ciencia, debe reunir las condiciones siguientes:

1.   **Fáctica:** La ciencia en hechos concretos.
2.   **Analítica: La ciencia aborda temas complejos, y en consecuencia se requiere un análisis detallado para el descubrimiento de patrones y conexiones de los fenómenos.**
3.   **Metódica: La investigación científica requiere una planificación, basada en los principios del método científico, y la delimitación de objetivos, y sus fuentes de variación o márgenes de error.**
4.   **Sistemática:** El conocimiento científico de incrementa como un sistema homogéneo y lógico, que conlleva a la elaboración de una teoría.
5.   **Acumulativa:** Cada conjunto de conocimientos se añade al anterior, basado en un grupo de investigaciones y hallazgos.
6.   **General:** En la ciencia, los hechos particulares se incluyen en un esquema general.
7.   **Provisional: los enunciados científicos son hipotéticos, y por consiguiente, el conocimiento científico es provisional y variable, sujeto a rectificación o reemplazo.**
8.   **Comprobable:** la ciencia está sujeta a verificación y experimentación, conforme a los principios del método científico.
9.   **Especializada:** El campo científico requiere un alto grado de complejidad y análisis, debido a esto, surgen las especializaciones para concentrar cada información adquirida.
10.   **Abierta:** El desarrollo científico no está sometido a limitaciones, ya que el conocimiento no es dogmático, y debe estar abierto a nuevas realidades.[24]

---

[24] Enciclopedia de características. Consultado en https://www.caracteristicas.co/ciencia/

4.2 El método científico

Es la técnica experimental empleada en la ciencia para la construcción y prueba de hipótesis científica. La investigación científica resulta de la aplicación del método para la obtención de conocimiento y elaboración de teorías.

El método científico, para que tenga validez, debe tener fundamentos empíricos y racionales. Además del empirismo y la racionalidad, debe existir la capacidad de reproducción del experimento en cualquier lugar, y ser refutable.

La finalidad del método científico es el alcance del conocimiento de ciertos fenómenos, el descubrimiento de los procesos para su demostración racional, adquirida con racionalidad y comprobada mediante experimentación.

4.2.1 Características del método científico

1. Es un método teórico: la consecuencia del método científico es la elaboración de teorías, después de un proceso de hipótesis y experimentación.
2. Es sistemático: para la obtención de sus fines, busca un sentido de disciplina y orden para garantizar su validez.
3. Es inductivo y deductivo.
4. Es empírico: Los datos se obtienen mediante observación directa.
5. Es crítico: los resultados deben ser sometidos a examen y los resultados son revisables y no definitivos.
6. Es circular: existe un proceso interactivo entre la experiencia y la teoría.
7. Sistematizado: se produce del aislamiento del fenómeno objeto de observación.
8. Controlado: la observación y experimentación resultan de variantes delimitadas.

4.2.2 Técnicas del método científico

Son los procedimientos que utiliza el método científico para la obtención del conocimiento, y posterior elaboración de un conjunto teórico. Entre estas se encuentran las siguientes:

Técnica inductiva: es aquella que se produce mediante los enunciados particulares a generales, mediante la recolección de evidencias.

Técnica deductiva: es el razonamiento formal en el cual la conclusión se obtiene de enunciados generales a particulares. Esta es aplicada en las ciencias formales, como las matemáticas.

Técnica analítica: es la que consiste en la fragmentación de un objeto, para ser estudiado de forma separada.

Técnica sintética: es la que une las partes de un objeto, para ser estudiado en su totalidad.

Técnica cuantitativa: es aquella que se fundamenta en recolectar datos para probar la hipótesis, con base en la medición numérica y análisis estadístico, para establecer patrones de comportamiento y probar teorías

Técnica Cualitativa: se basa en la recolección de datos, sin medición numérica, para descubrir o afinar preguntas de investigación en el proceso de interpretación. Se puede llegar al conocimiento de los fenómenos a través de la experiencia, razonamiento e investigación, siendo vías complementarias.

4.2.3 Fases del método científico

El método científico está compuesto de fases que deben desarrollarse para la consecución de las informaciones, y al término, el planteamiento de la teoría.

Las etapas que conforman el método científico son las siguientes:

Definición del problema: en esta etapa consiste en la formulación de preguntas, las cuales deben estar planteadas de forma apropiada.

Formulación de la hipótesis: es la fase en la cual se definen los objetivos y variables de investigación o resultados de la investigación, y se elabora el diseño de estudio.

Recolección y análisis de datos: es el proceso técnico que consiste en la obtención de las informaciones para la investigación.

Confrontación de los datos con la hipótesis: es la etapa se comparan los resultados obtenidos del análisis de los datos, para llegar a una confirmación o negación de la hipótesis.
Conclusiones y generalización de los resultados: Si los datos avalan la hipótesis será confirmada. En caso contrario se procede al planteamiento de una nueva hipótesis para la solución del problema. [25]

4.3. El derecho como ciencia social.

El derecho se enmarca dentro del grupo de disciplinas que tiene como objeto el estudio de los hechos propios de la investigación dentro del ámbito colectivo, mediante el análisis y la valoración comparativa de la influencia del individuo frente a la sociedad, y viceversa.

---

[25] Castaw, Yolanda. Introducción al método científico y sus etapas. 2014.

Para abordar una distinción entre las demás ciencias sociales, se requiere diferenciar las ciencias que utilizan una metodología científica para plantear hipótesis demostrables. El objeto de las ciencias sociales son fenómenos medibles y cuantificables.

Otro aspecto diferenciador del derecho como ciencia social es la neutralidad. Las leyes son sujeto de análisis para determinar sus consecuencias, y si se requiere su derogación o modificación.

4.4 Relación del Derecho con las demás ciencias sociales

La ciencia jurídica, como ciencia social, está relacionada de forma estrecha con las demás ciencias como la filosofía, historia, sociología, psicología, entre otras. Esta situación se debe a que para examinar el derecho de forma crítica, es necesario un enfoque interdisciplinario.

4.4.1 El derecho y la sociología

La sociología es la ciencia que trata de las condiciones de existencia y desenvolvimiento de las sociedades humanas.

Las manifestaciones de la vida del hombre, sus actividades profesionales, comerciales, culturales, política y religiosa son actos sociales, ya que se realizan en relación con los demás individuos.

Los componentes sociales son variables, como el clima, la geografía, la organización familiar, la raza, la cultura, religión, costumbres.

Algunos autores expresan que el ser humano tiene instinto social, es decir, que busca la compañía de sus semejantes para defensa y obtención de alimento.

En las sociedades con alto grado evolutivo, los intereses políticos, religiosos y culturales funcionan como factores vinculantes entre los individuos y mantienen el equilibrio y la estabilidad del corpus social.

Los historiadores en la antigua Grecia, los juristas romanos y los pensadores de la Edad Media y el Renacimiento analizan las sociedades humanas, sin embargo, estos conocimientos están vinculados a otras ciencias independientes de la sociología.

La sociología moderna inicia en el siglo XIX con el filósofo francés Augusto Comte y sus obras "Curso de filosofía positiva" y "Sistema de Política Positiva".

Para Comte, los fenómenos sociales, como la familia, la nación y la organización política con manifestaciones naturales del instinto humano, y por consiguiente, todo fenómeno humano tiene una valoración social.

Después de las teorías sociológicas de Comte, esta ciencia fue transformada por la tesis del filósofo alemán Carlos Marx, que sentó las bases del materialismo histórico.

La teoría marxista, expuesta en su obra "El capital", plantea que los factores económicos son preponderantes para las relaciones sociales, y que la lucha estos factores económicos son la causa del surgimiento de las clases sociales y la desigualdad.

Según la doctrina marxista, la forma para la eliminación de las desigualdades sociales es la creación de un nuevo sistema económico donde los medios de producción económica se encuentren en manos de una clase social mayoritaria, el proletariado, que estaría destinado a construir una sociedad igualitaria.

Al materialismo histórico se opone el individualismo, ya que para esta corriente de pensamiento, la sociedad está formada por un conjunto de individuos, y su valor es superior al Estado.

En años posteriores, surgen nuevas teorías sociológicas, como la sociología de masas. Esta tesis fue propuesta por el sociólogo positivista francés Gustav Lebon en su obra "Psicología de las masas", donde define la sociedad como una masa formada por individuos sometidos a leyes psicológicas y son susceptibles de sugestionabilidad emocional.

Como una continuación a la teoría de la sociología de masas, el sociólogo criminalista francés Gabriel Tarde, retoma las concepciones de Gustav Lebon, y afirma que las reacciones mentales del individuo tienen sus causas en la imitación y el antagonismo.

La tesis sociológica de Emile Durkheim rechaza la corriente de pensamiento de sociología de masas. El sociólogo y filósofo belga sostiene que la vida individual es un producto de la vida social, y que la división del trabajo categoriza a las personas y las vincula a la colectividad.

Las contribuciones de Emile Durkheim a la sociología destacan en la creación de un método de investigación científico propio de la sociología, basado en la experimentación, aplicación de encuestas y análisis de casos.

El jurista alemán Max Weber, a pesar de no ser un considerado un sociólogo, realizó grandes aportes a la sociología. Su obra abarca el análisis de las relaciones sociales respecto a la religión. En su obra "La ética protestante y el espíritu del capitalismo" hace un análisis sociológico comparativo entre la conducta protestante y la católica en lo relativo a las relaciones de trabajo.[26]

---

[26] Enciclopedia Ilustrada Cumbre. Tomos 1 y 12. Décimo octava edición. Estados Unidos, Editorial Cumbre. 1978. ISBN 0-7172-5061-X.

La sociología tiene una estrecha vinculación al derecho, en el tenor que la norma jurídica es un elemento indispensable para el funcionamiento de la sociedad. En adición a lo anterior, para una aplicación correcta de la norma jurídica, es un requisito el conocimiento de los fenómenos sociales. A partir de esta relación surge la sociología jurídica.

La sociología jurídica es la rama de la sociología que estudia el derecho como hecho o fenómeno social, y la vinculación del derecho con la sociedad, y el análisis de las implicaciones de las normas con respecto a una sociedad.

Esta área de la sociología abarca la investigación de las causas y el funcionamiento de las normas jurídicas, en el sentido del estudio del derecho como producto de los procesos sociales, y los efectos que generan las normas jurídicas. Estos dos temas, la causa y el efecto de la normativa conforman la finalidad de la sociología jurídica.

Un aspecto importante para delimitar la sociología del derecho de la ciencia jurídica, es que la base dogmática jurídica se fundamenta en el sentido escrito de la interpretación y correcta aplicación del sistema jurídico, sin la prevalencia de ningún criterio sociológico. [27]

4.4.2. El derecho y la politología.

Las ciencias políticas o politología, es la ciencia que se ocupa del estudio de los sistemas de gobierno mediante la aplicación de los métodos de análisis científico y empírico. Como definición tradicional, la politología examina al Estado, sus organismos e instituciones.

Sin embargo, en el sentido amplio, abarca el estudio de los factores sociales, culturales y psicológicos que influyen el desenvolvimiento del gobierno y el corpus político.

Aunque la politología tiene una estrecha vinculación con las demás ciencias sociales, se diferencia en que su objeto de estudio es el ejercicio del poder a nivel local, nacional e internacional.

La politología desarrolla teorías y conclusiones basadas en observaciones empíricas, las cuales expresa en términos cuantitativos. Aunque la politología involucra investigaciones empíricas, no crea medidas y predicciones precisas. Esto lleva a algunos académicos a cuestionar si esta disciplina puede describirse como una ciencia.

No obstante, si el término ciencia se aplica a cualquier conocimiento organizado de forma sistemática, basado en hechos comprobados por métodos empíricos, entonces la politología es una ciencia, como las demás disciplinas.

---

[27] Díaz García, Elías. Sociología jurídica y concepción normativa. 1989. ISSN 0048-7694

La politología se divide en varias ramas, que son las siguientes:

1. **Política nacional o doméstica:** Esta incluye el análisis de opinión pública, elecciones y gobierno en el ámbito de una localidad, región o nación.
2. **Política comparativa:** Es el área de las ciencias políticas que analiza similitudes y diferencias entre las políticas de diferentes países.
3. **Política internacional:** Examina las relaciones políticas entre los países, causas de las guerras, formación de política extranjera, economía internacional y las estructuras que incrementan o disminuyen las opciones políticas de los gobiernos.
4. **Teoría política: Incluye** el estudio de la filosofía política clásica y perspectivas teóricas contemporáneas, como el constructivismo, la teoría crítica y el posmodernismo.
5. **Administración pública:** Analiza el rol de la burocracia. Este campo está orientado hacia las aplicaciones prácticas de las ciencias políticas en el servicio público.
6. **Derecho público:** Estudia las constituciones, sistemas legales, derechos civiles y la justicia penal.
7. **Política pública:** Examina la implementación de las políticas gubernamentales, relacionadas a los derechos civiles, salud, educación, crecimiento económico, desarrollo urbano y protección medioambiental.

El análisis político de la ciencia surge en las culturas china, india y árabe. En Grecia, Platón, con su obra "La República" expone sus ideas sobre un estado político ideal.

Algunos autores consideran a Aristóteles como el fundador de la ciencia política, ya que fue el primero en incluir la observación empírica en el estudio político, además de tipificar los sistemas políticos en monarquía, aristocracia y democracia., producto del análisis comparativo de los sistemas políticos de las ciudades estado griegas.

La corriente de pensamiento filosófico cristiana, como San Agustín, enfatizan la lealtad de los cristianos a Dios y a los gobernantes, con la implicación que la ciudad celestial es más importante y duradera que la terrenal, lo que conllevó un desdén hacia la política. Santo Tomás de Aquino cristianizó la obra política aristotélica para darle un propósito moral.

En la era renacentista, el escritor italiano Nicolás Maquiavelo, en su obra "El príncipe" plantea la tesis del ejercicio amoral del poder y la secularización de la política. Maquiavelo fundó la idea moderna de la obtención y uso del poder político, además de la teoría de las relaciones internacionales basadas en la racionalidad.

Montesquieu, en su obra "El espíritu de las leyes", afirma la tesis que la libertad se fundamenta en la separación y equilibrio entre los poderes ejecutivo y legislativo.

En adición a esta teoría, también planteó un análisis de gobierno innovador que asigna un principio a cada sistema de gobierno. Para Montesquieu, la monarquía está fundamentada en el honor, la república en la virtud, y el despotismo en el miedo.

La tesis política de Adam Smith sostiene que el rol del Estado es el fortalecimiento del libre mercado. El filósofo Edmund Burke considera que los valores e instituciones son elementos esenciales de todas las sociedades, y que las revoluciones llevan a la tiranía. Para Burke, los sistemas políticos son como seres vivos que dependen de la legitimidad para su desarrollo.[28]

De acuerdo a la teoría del filósofo francés Jean Bodin, el Estado es la única fuente de la ley sobre un territorio, y con esta doctrina justifica la legitimidad de los gobiernos nacionales.

Como se puede observar en la doctrina política clásica, la politología guarda una relación muy cercana al derecho, en el sentido que toda normativa es emanada de una autoridad política, independientemente del sistema político que rija la nación, monarquía, república o autocracia.

El derecho y la política provienen de los mismos fenómenos sociales. La diferencia reside en una perspectiva filosófica, y se entiende desde la función de salvaguardar la coexistencia social.

Además, esta vinculación permite un equilibrio entre el ejercicio del poder y el estado de derecho. Las instituciones son un reflejo de decisiones políticas individuales o colectivas de un ambiente y tiempo determinados, que adquieren una forma legal.

En una relación mutua el derecho y la política no tienen roles separados, ya que periodos distintos, pueden estar en convergencia u oposición, ya sea una sociedad liberal o conservadora.

Cabe resaltar que el derecho tiene una función conservadora de la sociedad, a pesar de que en algunas situaciones se desarrolla de forma progresista. Este carácter conservador de la sociedad no significa que el derecho no sea utilizado para la promoción de relaciones sociales nuevas.

El derecho puede tener un contenido político, debido a que es parte de su propia naturaleza. La política no puede existir sin el derecho, ya que el derecho forma y delimita los dictámenes e ideas políticas de justicia y orden social. El derecho no puede existir sin la política, porque esta le otorga la obligatoriedad, el contenido y la sustancia, que se expresa en el marco jurídico.

---

[28] Ver nota No. 16, Ibíd.

Además, toda sociedad tiene la tarea de establecer y mantener un equilibrio apropiado entre el derecho y la política. En los regímenes democráticos, existe un escrutinio de los procedimientos legislativos, donde se observa la influencia de la política sobre el derecho.

No obstante, el derecho positivo moderno tiene un alto grado de autonomía, que se logra en las situaciones en las cuales un grupo de interés no puede determinar las decisiones de una colectividad en el poder legislativo.

Los factores que aseguran la autonomía del derecho son los siguientes:

Generalidad: Es la característica del derecho que no se dirige a un individuo, sino a la colectividad. Este factor implica una despersonalización legal, y su finalidad es la protección de la igualdad.

Abstraccionismo: Es el aspecto de la norma jurídica en el cual los símbolos y conceptos se sobreponen a casos concretos para crear modelos de acción y estándares futuros. La función principal del abstraccionismo confirmar la previsibilidad y confianza en la ley.

Formalismo: Es la consecuencia inevitable de la generalidad y el abstraccionismo. Es la característica de la norma jurídica que aparece como un concepto separado de un contenido concreto que establece exigencias formales en el proceso de formación, el uso de la ley y permite un funcionamiento técnico racional del aparato legal.

Sistematicidad: Es el factor que incluye la tendencia del derecho a representar un sistema de normas lógico, equilibrado y sin paradojas. Las principales características y finalidades de un sistema jurídico se manifiestan en asegurar a la sociedad un derecho unificado, coherente y completo. [29]

4.4.3. El derecho y la filosofía

La filosofía es la ciencia que estudia las verdades fundamentales, como la verdad, la moral, la belleza, la naturaleza de la vida, mediante el método especulativo. El punto de partida de la filosofía se encuentra en la lógica y el correcto razonamiento.

El conocimiento filosófico está sujeto a transformaciones y a la influencia de diferentes doctrinas. Este proviene de la necesidad del hombre de proveer una respuesta a las interrogantes y contradicciones de la realidad.

Los componentes de la ciencia filosófica se encuentran delimitados en los campos siguientes:

---

[29] Cerar, Miro. The relationship between law and politics. Annual Survey of International & Comparative Law. Vol. 15 1, Artículo 3. 2009.

Metafísica: Es la rama de la filosofía cuyo objeto de estudio es determinar la naturaleza real de las cosas, su significado, estructura y principios, para el entendimiento de la realidad como un todo.

Epistemología: Analiza el origen, naturaleza y límites del conocimiento humano.

Lógica: Es el estudio del razonamiento correcto, a través de los principios de inferencia y demostración.

Ética: También denominada filosofía moral, es la disciplina que estudia los principios de lo correcto e incorrecto, en lo referente a un sistema de valores y principios morales.

Estética: Abarca la naturaleza de la belleza, y analiza la percepción de lo hermoso, la elegancia, la fealdad y la crítica artística.

Filosofía política: Es el área del conocimiento filosófico que examina los conceptos de sistema de gobierno y los límites de los poderes públicos, para mejorar la calidad de vida de los individuos.

Filosofía del lenguaje: Es la investigación filosófica de la naturaleza de lenguaje, las relaciones entre los usuarios del lenguaje y el mundo. Además abarca los conceptos analíticos y descriptivos del discurso cotidiano y en los estudios lingüísticos científicos.

Filosofía de la mente: Es la rama de la filosofía que investiga la relación entre los fenómenos mentales y el mundo físico.

Filosofía de la historia: Analiza la forma en que los individuos generan los procesos históricos.

El derecho tiene una afinidad con la filosofía, en virtud de que la filosofía, como ciencia que analiza la realidad humana, tiene la función de reconocer las bases para la aceptación de los principios del derecho, como los valores de justicia, la autoridad, y si estos fundamentos conducen al bien común.

4.4.4 Derecho y economía

Economía es la ciencia social que analiza y describe la producción, distribución y consumo de la riqueza. El estudio de la economía examina cuáles acciones individuales y sociales están conectadas a la obtención de los bienes materiales.

Dentro de los aspectos que abarca la economía figura la determinación de los precios de los bienes, servicios, los recursos en el mercado. Como los precios están interrelacionados, los economistas tratan de desarrollar un sistema de precios o mecanismos de mercado.

La ciencia económica se clasifica en dos grandes áreas:

Microeconomía: Es la parte de la economía que estudia la conducta de los individuos como consumidores, empresas, comercios y granjas.

Macroeconomía: Examina las variables económicas a nivel general, como el nivel de empleo, producto interno, inversión. Esta rama de la economía abarca la investigación del ingreso de un país y las políticas públicas con miras a lograr un mayor nivel de empleo o estabilidad de precios.

A esta división, es necesario agregar las especialidades de finanzas públicas, banca, comercio internacional, economía laboral y de la agricultura. A menudo se acude a los economistas para evaluar medidas como fijación de impuestos, leyes sobre salario mínimo, cambios en las tasas de interés y en el presupuesto nacional.

La relación del derecho y la economía ha cobrado mayor auge a partir de las transformaciones surgidas en los siglos XX y XXI. Los fenómenos sociales y económicos como la segunda globalización y la revolución tecnológica requieren el planteamiento de nuevas teorías para la comprensión de estas realidades.

El vínculo principal del derecho y la economía se basa en que el derecho constituye un garante de los intereses y reforzamiento de las relaciones económicas de los individuos. Esta relación es de carácter recíproco solamente son posibles si se observan desde una perspectiva empírica.

Los principios generales que rigen la vinculación entre el derecho y la economía son:

Principio de pluralidad de intereses jurídicamente tutelados: El derecho no garantiza únicamente intereses económicos, sino un conjunto de intereses diversos. Además, el derecho comprende un conjunto de normas que regulan situaciones sociales que no pertenecen a la esfera económica.

Principio de independencia: El ordenamiento jurídico es una entidad separada del ordenamiento económico. Existen casos en los cuales la normativa puede permanecer estable, mientras las relaciones económicas pueden sufrir modificaciones radicales. Esta situación también se aplica cuando un sistema económico puede desarrollarse bajo ordenamientos jurídicos diferentes.

Principio de los intereses económicos: Dentro de la pluralidad de intereses jurídicamente protegidos, los intereses económicos son un factor prevalente la formación del derecho, ya que toda fuerza que garantiza un poder jurídico se encuentra mantenida de alguna forma por la acción consensual de grupos sociales.

Principio de la autonomía de la economía respecto al ordenamiento jurídico: La coacción jurídica tiene límites al momento de regular la actividad económica. La presión de la norma jurídica sobre el comportamiento económico es débil, y depende del poder económico de los interesados.

El derecho y la economía tienen diferentes mecanismos de control social e instrumentos propios. El ordenamiento económico impone su propia coacción, fundado en principios del mercado, al margen de la coacción jurídica.

La economía moderna demanda un derecho con un funcionamiento más seguro, eficiente y rápido. Esto se refleja en el afloramiento del derecho económico como disciplina que analiza de las relaciones económicas concebidas en su conjunto. [30]

4.4.5 Derecho y antropología

La antropología es la ciencia que estudia el ser humano, en el sentido biológico y cultural. Esta disciplina académica ha sido localizada entre el ámbito de las ciencias naturales y humanidades.

La antropología se divide en los siguientes renglones:

Antropología física: Enfatiza el proceso biológico y las cualidades que separan al hombre de las demás especies.

Arqueología: Se fundamenta en el estudio de los remanentes físicos de las culturas pasadas.

Antropología lingüística: Examina la capacidad humana de comunicarse a través del habla y los diversos lenguajes.

Antropología social o cultural: Comprende el análisis de los sistemas culturales que diferencian las sociedades y los patrones de organización asociados con estos sistemas.

Antropología psicológica: Abarca las relaciones entre la cultura, la estructura social y el ser humano.

El propósito de la antropología es lograr una mejor comprensión del ser humano. El estudio de la diversidad de costumbres entre los pueblos debe sustentarse en las diferencias culturales.

Los fenómenos jurídicos son un resultado de la actividad del hombre dentro de una sociedad. Por consiguiente, la antropología se constituye en un auxiliar del

---

[30] Fariñas, Dulce María. La sociología del derecho de Max Weber. Primera edición. México. Universidad Nacional Autónoma de México, Instituto de Investigaciones jurídicas. 1989. ISBN 978-9683609830;

derecho en la búsqueda de un entendimiento más amplio de los individuos y su conducta en el contexto cultural. [31]

El derecho se concentra en el análisis normativo a partir de una concepción lógica, y la antropología examina el origen cultural de las relaciones sociales.

4.4.6. Derecho y estadística

La estadística es la ciencia que se ocupa de la recolección, análisis, presentación e interpretación de datos. La necesidad de datos para fines de censo, además de información sobre una variedad de actividades económicas, incrementa la importancia de la estadística. En la actualidad, se requiere el acceso a grandes cantidades de datos para su aplicación en diferentes campos, lo que destaca la importancia de la estadística para los diferentes campos del conocimiento.

El derecho se auxilia de la estadística, principalmente en el ámbito de la administración judicial, al reunir los datos para examinar los casos y con estas informaciones contribuir a un mejoramiento de los servicios.

4.4.7 Derecho y medicina

La medicina forense es la ciencia que trata la aplicación del conocimiento médico a las cuestiones jurídicas.

El uso del peritaje médico en los casos legales data de más de 1,000 años de antigüedad. La primera presentación de medicina forense es realizada por el italiano Fortunatus Fidelis en 1598, y es reconocida como especialidad en el siglo XIX.

La primera herramienta del la medicina forense es la autopsia, utilizada para identificación y determinación de causas de muerte. En caso de muertes por arma, el patólogo forense examina la herida y con frecuencia provee información detallada sobre el tipo de arma empleada.

La medicina forense es un elemento principal en la identificación de víctimas de desastres, como derrumbes o accidentes. En la determinación de la causa de muerte, la experticia médica forense puede afectar el resultado de procesos judiciales en casos de reclamación de seguros y sucesiones.

---

[31] Peña Jumpa, Antonio. La antropología y la sociología del derecho como formación interdisciplinaria. 2010.

En el siglo XIX surgen la siquiatría forense, que determina la salud mental de los individuos, y la toxicología forense, que aporta evidencia en temas como envenenamiento y abuso de sustancias narcóticas. Además. Esta ciencia juega un rol importante en materia de contaminación ambiental.[32]

4.4.8 Derecho e informática

La informática es el estudio de las computadoras, incluyendo el diseño y su uso para procesamiento de datos y control de sistemas.

La ciencia de la informática incluye actividades de ingeniería, como el diseño de computadoras, hardware y software. Además comprende actividades teóricas y matemáticas, como el análisis de algoritmos, estudio de actuación de sistemas y sus componentes, la confiabilidad y disponibilidad de los sistemas basados en técnicas probabilísticas.

La informática es considerada una disciplina separada de la ingeniería de sistemas, aunque ambas coinciden en al área de arquitectura computacional, que es el diseño y estudio de los sistemas de computación.

La revolución tecnológica y la automatización de los procesos industriales, modifican de forma sustancial la aplicación del derecho, y producto de estos fenómenos nace la informática jurídica.

La informática jurídica se compone de las áreas siguientes:

Informática jurídica de gestión: aborda la aplicación de esta ciencia a la labor de los profesionales del derecho, mediante la utilización de los ordenadores para procesamiento de almacenamiento de datos, textos y comunicación de redes.

Informática jurídica documental: se ocupa de la administración de la documentación jurídica, mediante el empleo de sistemas de clasificación.

Informática jurídica decisoria: consiste en la aplicación del derecho de técnicas y modelos de inteligencia artificial, con la finalidad de crear sistemas que simulen el razonamiento jurídico. [33]

Con la generalización de la informática y el uso de las redes, emergen nuevos fenómenos jurídicos que requieren soluciones que no se contemplan en el derecho positivo clásico, como la temporalidad y la espacialidad de la ley sobre los hechos que acontecen en internet, propiedad intelectual, piratería informática, suplantación de identidad, entre otros casos.

---

[32] Ver nota No. 16, Ibíd.

[33] Peña, Carlos A. El derecho y las tecnologías de la información. Universidad de Palermo.

Estas situaciones requieren el desarrollo de un nuevo conjunto de normas que regulen el mundo digital.

CAPÍTULO 5
LOS FUNDAMENTOS, SUJETOS Y EFECTOS DE LA REGLA DE DERECHO

El juspositivismo sostiene la idea que el fundamento de la normativa jurídica no depende de una conformidad moral. No obstante, la corriente jusnaturalista plantea que el establecimiento fáctico de un ordenamiento jurídico no justifica la validez ni la obligatoriedad de una norma.

La regla de derecho, para poder llegar a un grado de eficacia y cumplir con sus finalidades básicas de justicia, paz, seguridad y bien común, debe basarse en los fundamentos de la legalidad y la legitimidad.

5.1 Fundamento de legalidad.

Es el principio en virtud del cual los poderes públicos están sujetos a la ley, y por consiguiente, sus actos son realizados conforme a esta, bajo pena de invalidez. Este fundamento es aplicable a los actos estatales que inciden sobre los derechos ciudadanos.

Todo acto emanado de la autoridad debe ser compatible con la ley, es decir, su forma y su fondo están determinados por la norma jurídica.

El fundamento de legalidad permite un control formal de la validez de las normas, y la verificación de su pertenencia al orden positivo, mediante una promulgación o aplicación en un tribunal competente.

5.2 Fundamento de legitimidad

Es la cualidad de un poder de ser conforme a las aspiraciones de los gobernados, lo que le vale el consentimiento general y la obediencia espontánea.

Este principio conlleva que la norma proveniente del poder político debe depender de un acuerdo y reconocimiento de la voluntad popular. Es un vínculo de credibilidad entre la autoridad y los subordinados que le otorgan el derecho a gobernar.

Algunos sociólogos sostienen que en el derecho positivo, la legalidad involucra una legitimidad, ya que existe una obligatoriedad moral de los subordinados a obedecer la norma promulgada por la autoridad.[34]

5.3 Los sujetos del derecho y las personas

La regla de derecho está dirigida hacia un grupo de personas, o sujetos, para su cumplimiento obligatorio.

Sujeto de derecho es todo ser pasible de derechos y deberes jurídicos.

Los sujetos de derecho se tipifican en:

Sujeto Activo: Es la entidad con facultad para demandar un derecho.

Sujeto pasivo: Es quien tiene una obligación jurídica.

Persona es un ente a que se reconoce capacidad de ser sujeto de derecho. La palabra se deriva del latín persona, que se refiere a la máscara utilizada por los actores en el teatro.

Las personas se clasifican en:

Persona física: Es un individuo de la especie humana.

---

[34] Legaz Lacambra, Luis. Legalidad y legitimidad. 1958. ISSN 0048-7694

Persona jurídica: Es una organización o grupo de personas físicas a la que la ley reconoce personalidad independiente y diferenciada de la de cada uno de sus miembros o componentes.

A su vez, las personas jurídicas se subdividen en:

Personas jurídicas de derecho público: Son las entidades constituidas mediante una ley para el cumplimiento de una función pública.

Personas jurídicas de derecho privado: Son instituciones privados que creadas voluntariamente según la legislación aplicable. Las formas más conocidas con las asociaciones, fundaciones, sociedades civiles y comerciales.

Aunque los términos sujeto de derecho y persona se utilizan como sinónimos, en el lenguaje jurídico tienen contextos diferentes.

La distinción entre sujeto de derecho y persona radica en que para ser sujeto de derecho, debe existir una capacidad para el ejercicio de derechos y deberes, admitida en el ordenamiento jurídico, es decir, debe adquirir el atributo de la personalidad.

5.4 Efectos de la regla de derecho

La regla de derecho contrasta de las demás normas, por su principio de obligatoriedad. El ser humano, como ser social, está compelido a seguir las normas de conducta establecidas por el sistema social.

El efecto principal de la regla del derecho es la sanción. El derecho tiene un orden sancionador, ya que la norma jurídica establece un vínculo entre la conducta y la consecuencia del incumplimiento, por ende, no existe la posibilidad de un derecho sin sanción.

5.4.1 La coacción

Es el poder legal que posee el derecho positivo para imponer sus preceptos. La coacción se encuentra establecida en el código penal.

El derecho establece actos coactivos como una reacción frente a una conducta antijurídica, y esta adquiere el carácter de sanción. La coacción tiene una naturaleza psíquica.

Los sistemas sociales tienen un componente coactivo, y esta condición se convierte en la motivación para la conducta obligatoria.

5.4.2 La coerción

La coerción es la presión que se ejerce sobre un individuo para obrar de una forma determinada. Consiste en el poder para la imposición de sanciones a quienes obstaculicen o perjudiquen los fines de administración de justicia.

La coacción y la coerción se diferencian en que la coacción radica en la realización práctica del mandato, la coerción reside en la imposición de la sanción contra la inconducta.

La función judicial consiste en la verificación de la conducta antijurídica y establecer la sanción conforme a la pena establecida en el ordenamiento jurídico.

Esta medida sancionadora es la etapa del incluye el apoderamiento de los bienes del deudor y posterior adjudicación, además del cumplimiento de la pena privativa de libertad.

5.4.3 La sanción

Sanción es el procedimiento impuesto por la autoridad al autor de una infracción a un deber jurídico.

También se describe como la consecuencia jurídica que el incumplimiento de un deber produce en relación con el obligado.

La sanción tiene tres finalidades:

Cumplimiento forzoso de la norma: consiste en hacer cumplir el deber jurídico mediante el uso de la fuerza.

Indemnización: es la suma de dinero destinada a reparar un perjuicio.

Castigo: Es la pena que se impone al individuo, en situaciones de gravedad.

Clasificación de las sanciones

Sanciones penales: son impuestas en caso de violaciones al derecho penal, con la finalidad de corrección, prevención y castigo del infractor.

Sanciones civiles: son aquellas que se reducen a actos coactivos para la reparación de un perjuicio.

Sanción premial: Es una técnica de gratificación para incentivar una conducta determinada. [35]

---

[35] Enciclopedia Jurídica 2014. Consultado en http://www.enciclopedia-juridica.biz14.com/inicio-enciclopedia-

diccionario-juridico.html.

CAPÍTULO 6
ASPECTO CONCEPTUAL DE LAS NORMAS

La palabra norma proviene del latín: norma, que significa mandamiento, regla u orden. Además, la norma tiene la función de decretar, permitir, autorizar y derogar. Se refiere a las prescripciones relativas al comportamiento mutuo de los individuos.

6.1 Las normas jurídicas

La norma jurídica es la disposición que regula el comportamiento de los individuos en la sociedad, cuyo incumplimiento se encuentra penalizado por el derecho positivo.

Está conformada por una hipótesis y una consecuencia jurídica, la convergencia de estas circunstancias   determina la aplicación del mandato de la ley. Es la unidad mínima del ordenamiento jurídico que ordena la conducta humana. Tiene la función de prescribir comportamientos e indicar los efectos a los actos individuales.

La norma jurídica es un juicio lógico, ya que su estructura corresponde a un supuesto o hecho antecedente, y se construye sobre la premisa del deber ser.

Este principio del deber ser se concibe en el sentido que el hombre posee la facultad de regular su propia conducta y tiene el ejercicio del libre albedrío.

Los juicios del deber ser se denominan imputativos, porque tienen consecuencias a una condición determinada, y normativos, debido a que su finalidad es dirigir el comportamiento humano.

La norma jurídica abarca las acepciones siguientes:

Aspecto lingüístico: Es el que identifica la norma con el enunciado, conforme a su planteamiento como juicio lógico.

Aspecto pragmático: Es la que concibe la norma como acto de habla prescriptivo e imperativo.

Aspecto empírico: Es la consideración de la norma como una entidad empírica, como un hecho institucional o mental.

6.2 Clasificación de las normas jurídicas

La norma jurídica atiende a criterios de clasificación diversos, dentro de los cuales se puede describir la siguiente tipificación:

Según la voluntad de la persona:

Normas imperativas o no dispositivas: Son aquellas que son obligatorias independientemente de la voluntad del sujeto.

Normas dispositivas: Obligan cuando no existe una voluntad expresa en contrario de la persona. Se incluyen en esta clasificación las normas interpretativas, que son aquellas que representan la voluntad de las partes.

Según el interés preponderante que tutelan

Normas de derecho público: Regulan la actividad estatal en el ejercicio de sus funciones y relaciones con los particulares.

Normas de derecho privado: Disponen sobre la actividad y relaciones de los particulares entre sí.

Según sean dictadas para una totalidad o determinada clase de personas, cosas o relaciones jurídicas

Normas de derecho común: Son las dictadas para la totalidad de las personas, cosas o relaciones jurídicas.

Normas de derecho especial: Son emitidas para una determinada clase de personas, cosas o relaciones jurídicas, en virtud de que versan sobre disciplinas específicas que las separan de la norma común. Las normas de derecho común son supletorias a las normas especiales, en caso de vacío legal, ambigüedad u oscuridad.

Según el mandato que contengan las normas

Normas de mandato: Son las que emiten órdenes expresas e imponen la observancia de ciertos requisitos para realizar un acto jurídico.

Normas prohibitivas: Son aquellas que restringen o niegan la posibilidad de una actuación.

Normas permisivas: Son las que toleran declaran o reconocen o un derecho.

Según su función

Normas supletorias o integradoras: Son aquellas que están destinadas a suplir los vacíos del contenido de las declaraciones de la voluntad de las partes o autores de un acto jurídico.

Normas interpretativas, explicativas o discursivas: Sirven de reglas para la interpretación los actos jurídicos.

Según el tiempo de duración de las normas

Normas permanentes: Son las que no tienen predeterminada su vigencia, porque se establecen para llenar necesidades permanentes y, por ende, rigen hasta que otra norma posterior no las prive de vigencia mediante la derogación.

Normas transitorias o temporales: Son las que tienen duración puramente temporal, ya sea para satisfacer una necesidad circunstancial o para facilitar la transición de la antigua legislación a la nueva.

Según la aplicación de principios

Normas regulares o normales: Son las que aplican de un modo u otro los principios generales de una rama del derecho o de una institución jurídica.

Normas excepcionales o singulares: Son aquellas que regulan situaciones que obedecen a principios antiéticos de los generales del ordenamiento jurídico. Son las que se inspiran en principios contrapuestos a aquellos, respecto de los cuales constituyen excepciones. Tienen la finalidad de la protección de los intereses de las partes, o la construcción de relaciones jurídicas que no serían factibles mediante una norma regular.

Según disciplinen de forma directa o indirecta

Normas reguladoras o referidas: Son las que regulan en forma directa una relación jurídica.

Normas de aplicación, reenvío o referenciales: Son las que, para los casos que ellas contemplan, no establecen regulación, sino que disponen que ésta ha de ser la que para casos distintos contemplan otras normas.

Según su alcance

Normas de derecho general: Son las que rigen en todo el territorio.

Normas de derecho particular o local: Son las que imperan sólo en una parte determinada del territorio nacional.

Según su ámbito de aplicación

Normas rígidas o de derecho estricto: Son las que sólo pueden regir los supuestos que contemplan y no a otros por análogos o parecidos que fueran.

Normas elásticas o de derecho flexible: Son aquellas cuya aplicación se extiende a situaciones parecidas o análogas, porque responden al espíritu de la norma y nada se opone a su aplicación extensiva.

Según sus características

Normas sustantivas o materiales: Son las que tienen una finalidad propia y subsistente por sí, fijando la regla de conducta y las facultades y deberes de cada persona.

Normas adjetivas o formales: Son las que poseen una existencia dependiente y subordinada, pues solo tienden a facilitar los medios para que se cumpla la regla establecida, garantizando el respeto a las facultades y debe res atribuidos por las normas sustantivas.

6.3 Validez de las normas jurídicas

La validez consiste en la condición de una norma jurídica de haber sido emitida conforme al derecho, es decir, cumplir con los fundamentos de legalidad y legitimidad.

De la validez de la norma jurídica se colige que su existencia está subordinada a un ordenamiento jurídico.

6.3.1 Condiciones de validez de las normas jurídicas

Las condiciones de validez de la norma jurídica pueden ser formales y materiales.

Condiciones formales

Consiste en la naturaleza de la validez de la norma desde el punto de vista de la formalidad jurídica. Esta condición incluye al sujeto creador, el aspecto procedimental y objeto de la regulación. Dentro de las condiciones formales, se distinguen los elementos siguientes:

Competencia formal: Es el requerimiento que establece que la norma sea generada por el órgano competente.

Procedimiento: Es el elemento que dispone que para que la norma jurídica sea válida, debe ser autorizada conforme el procedimiento establecido

Competencia material: Las normas no solo están relacionadas a un sujeto normativo y a un procedimiento, sino también a un marco material.

Condiciones materiales

Las condiciones materiales abarcan las prohibiciones, mandatos y de permisividad de la norma jurídica.

De contenido de la disposición normativa: Es la parte interpretativa de la validez de la norma jurídica, que verifica si existe contradicción con las demás normas vigentes.

Si existen discrepancias entre la norma inferior y la superior, la norma inferior carece de validez por tener de un vicio de contenido.

Fundamento de validez

Es aquello que valida, certifica la existencia y otorga obligatoriedad a la norma jurídica.

Existen diferentes criterios sobre el fundamento de validez de la norma jurídica

Criterio de validez de Hans Kelsen

Su concepción de validez de la norma jurídica designa la existencia de ellas y su pretensión de obligatoriedad, la cual se presenta en doble sentido: para sujetos normativos que deben obedecer aquellas normas y para los órganos jurisdiccionales que deben aplicarlas en sus consecuencias coactivas cuando no hayan sido obedecidas.

Esta visión de obligatoriedad se corresponde a la obligación jurídica, vinculada solamente con un orden jurídico positivo, sin implicación moral.

El fundamento según este autor depende de que cada norma haya sido producida de acuerdo a lo establecido por una norma superior del mismo ordenamiento jurídico, por ende, figura otra de rango superior, que determina la creación de la norma inferior en tres aspectos:

1. Quién está facultado para crear la norma inferior.
2. Cuál es el procedimiento a seguir para la creación de la norma inferior.
3. Establece ciertos límites en cuanto al contenido de la norma inferior.

Criterio de los sujetos normativos

La validez de la norma jurídica reside en que estas sean efectivamente reconocidas y observadas como tales por los correspondientes sujetos imperados, de esta manera, para que una norma jurídica valga, es decir para que exista y obligue, tiene que acontecer un hecho bien preciso, que ratifique que la norma sea habitualmente reconocida y observada como tal al interior de la comunidad jurídica de que se trate.

En este sentido una ley aprobada, promulgada y publicada no es una ley hasta que los sujetos subordinados no la reconozcan y obedezcan.

Criterio de validez de los jueces

El fundamento de validez de la norma jurídica radica en su aplicación efectiva en los órganos jurisdiccionales por motivo del ejercicio de la función jurisdiccional.

Para que esto suceda, se requiere que la norma jurídica sea validada no por el reconocimiento y la obediencia, sino por la aplicación en los tribunales de justicia, mediante las sentencias y resoluciones.

Criterio de validez como sistema mixto

Cuando se aborda el tema del fundamento de la validez como un sistema mixto, significa que los subordinados y los como los órganos jurisdiccionales deben obedecer los preceptos de esta norma.

Del punto de vista de los subordinados, que tiene que ver con que ellos las reconozcan como tal.

Para la efectividad de la norma jurídica, es primordial que esta se obedezca y aplique, o en caso contrario que se sancione a los infractores por su incumplimiento.

Este respaldo proviene del consenso de la ciudadanía, además de la identificación de los órganos competentes para la creación de las normas.

Desde un punto de vista de los órganos jurisdiccionales, se refiere a la responsabilidad de aplicar las consecuencias coactivas, y que se emitan los fallos y las sentencias, conforme a sus funciones.

Criterio de validez jusnaturalista.

Este criterio relaciona la validez de la norma a un ordenamiento superior. La norma del derecho natural no está dada por el hombre, sino por leyes anteriores y superiores al derecho positivo.

Criterio de validez moral

Para que una norma tenga validez, al igual que en un ordenamiento jurídico, no es necesaria la vinculación con el derecho natural o un orden moral determinado.

Sin embargo, en casos de normas jurídicas injustas en extremo, o violatorias a los derechos fundamentales implicaría la pérdida de su validez.

La creación del derecho se origina en la necesidad que la conducta humana sea explicitada por una instancia superior, al igual que en la moral, por ende se basa en el deber moral.

Esta obligación moral imputable tiene toda ley en todo individuo. Es por esto que la ley tiene un valor moral, a razón que la ley debe ser objeto de respeto y de obediencia, y se basa en esta norma fundamental.

La validez del deber positivo en tanto deber racionalmente obligatorio se basa en un deber moral. En consecuencia, todo deber positivo debe ser también deber justo, en la medida en que la moral no imponga rechazar tal norma.

Si se considera que la determinación pública es injusta por evitar un mal mayor entonces esta no pierde su validez moral "el mal menor es moralmente preferente al mal mayor".

Si se entiende que la seguridad o el orden deben primar sobre lo que cada uno cual considera debido lo que prepondera es la racionalidad del deber moral, ya que el orden y la seguridad son un deber moral porque constituyen lo justo, y la justicia no es un valor independiente de la paz el orden o la seguridad sino una ramificación entre ellos.

Sólo hay un deber positivo injusto y por tanto perdería su validez, cuando la razón moral en que se funda le priva de validez general. Esto significa cuando hay una razón moral que le exige a no obedecer el deber puesto por el orden público, por tanto en esta clase deja de ser el deber con validez general, puesto que hay otro deber moral heterónomo que colisiona con el deber público y suprime la validez general. [36]

6.4 Las normas morales

Las normas morales son aquellas normas por las que se rige la conducta de un ser humano en su relación e interacción con la sociedad, la moral se relaciona con el estudio de la libertad y abarca la acción del hombre en todas sus manifestaciones.

Es una norma de carácter autónoma, incoercible, unilateral e interna. Son aquellas conductas impuestas por las sociedades como obligatorias, sin embargo su acatamiento es voluntario y a falta de acatamiento, tiene como consecuencia el rechazo de la misma sociedad, es una de las fuentes formales del derecho.

Las normas morales coinciden con las normas jurídicas, sin embargo las normas morales no pueden ser sancionadas por el Estado. Existen normas morales o de conciencia, que no se encuentran tipificadas en los ordenamientos jurídicos como inconductas.

Las normas morales imponen conductas, pero no pueden considerarse externas al sujeto, son de naturaleza autónoma, cuya obediencia depende de la conciencia individual.

Podría decirse que se forma general, las personas tiene una conciencia inclinada hacia el bien, la cual les indica lo que está bien y lo que está mal, y actúan en base a su razonamiento.

Las normas morales se encuentran en evolución y cambian al mismo ritmo en que se adapta la sociedad, tomado en cuenta las experiencias, lo que antes era moralmente aceptado y ahora no, y viceversa. La conciencia moral y sus normas, por ejemplo sobre la igualdad de género, no serán iguales en el mundo occidental que en los países musulmanes.

6.5 Las normas religiosas

Las normas religiosas son aquellas leyes consideradas obligatorias para que el hombre alcance la santidad. Este tipo de normas plantean las exigencias que el hombre debe cumplir para agradar a Dios y   ganar el paraíso después de la muerte.

Estas normas tienen su origen en Dios y es este quien las impone al hombre, son de carácter heterónomo, en lo que se refiere a su origen, las normas religiosas tienen un carácter unilateral ya que imponen deberes pero no facultan a nadie para obligar su cumplimiento.

Las normas religiosas no se imponen ni existe castigo terrenal concreto si no se les

[36] Traverso, Juan Damián. España. La razón del deber moral y jurídico. Editorial Dickinson, .S.L. 2003. ISBN 84-9772-L73-X.

cumple, sólo dependen de la convicción y el amor hacia Dios que sienta cada individuo, aunque existen excepciones en determinados países donde el credo religioso es impuesto en base a castigos de diversos tipos.

También existen normas que se enmarcan tanto en el segmento de norma religiosa como en el de las normas jurídicas, como por ejemplo el caso no robaras o no mataras.

En algunos países, las normas religiosas influyen considerablemente en la política del país, y aún en países occidentales muchas normas jurídicas se encuentran limitadas por condicionamientos religiosos.

Las conductas permitidas, exigidas y prohibidas por las normas religiosas están escritas o señaladas por Dios, o sea que son externas (heterónomas) y no autónomas, como las normas morales, que las dicta la sociedad a partir de un análisis de conciencia individual.

En esta característica coinciden con las normas jurídicas, ya que en ambos casos, las normas rigen independientemente de la voluntad humana, pero en este caso es el hombre el que decide cuando ya es mayor, si desea participar o no en cierta comunidad religiosa y sus reglas, mientras que las normas jurídicas no pueden ser dejadas de lado por propia voluntad.

6.5 Las normas sociales

Norma social es una regla a la que se deben ajustar las conductas, tareas y actividades de los individuos que forman parte de una sociedad.

En cada sociedad existen normas de convivencia que nacen de un deseo generalizado con la finalidad de conseguir orden y estabilidad social. Al momento que las normas sociales dejan de ser útiles para la convivencia dentro de una sociedad determinada, generalmente son sustituidas por otras nuevas que se adapten mejor a los cambios sociales, sin embargo algunas de estas normas permanecen como una parte fundamental de la cultura de un grupo social.

Por lo general las normas sociales no se encuentran escritas, ni se advierten de forma oficial, sin embargo moldean las conductas de la sociedad, en algunas ocasiones de forma más eficaz que las normas jurídicas.

Las normas sociales tienen como objetivo la convivencia armónica en la sociedad. Pueden cambiar de una sociedad a otra, pues su creación en una manifestación directa de los usos y costumbres.

Cuando se trasgreden las normas jurídicas, la consecuencia es un castigo formal, el cual se encuentra establecido por la ley en formato de pena o sanción. Mientras que el incumplimiento de las normas sociales no desencadena ningún tipo de mecanismo de derecho, ni tiene un castigo fijo establecido, el transgredir una norma de este tipo trae consigo todas las desventajas que acarrean el cometer una conducta del tipo antisocial.

Este tipo de normas se encuentra directamente asociadas a la moral, sin embargo en un determinado supuesto pueden contradecir la moral de un individuo. Nacen del respeto a los demás y sobre todo en la convivencia y de los valores morales que rigen a   otros   grupos.

El derecho en sí, puede considerarse un producto social ya que nace de las relaciones entre los individuos, y es a partir de la sociedad que se han creado o modificado las normas jurídicas.

La sociedad evoluciona, en virtud de los actos los hombres, de la realidad social y del constante avance del conocimiento humano, por lo que las nomas sociales se encuentran en constante evolución también, cambiando según los retos que presenten las nuevas formas de interacción humana, y como se relacionan estas con su entorno.

CAPÍTULO 7
LAS FUENTES DEL DERECHO

Fuente de derecho es el sitio, hecho u ocasión de donde procede la regla de derecho positivo. Esta definición incluye todas las partes integrantes del derecho que originan las normas jurídicas y su método de producción.

Clasificación de las fuentes del derecho

Las fuentes del derecho se clasifican en:

Fuentes formales: Son hechos sociales provenientes de autoridades externas al intérprete, como la costumbre, la ley, la jurisprudencia, la doctrina y los actos jurídicos.

Fuentes científicas o materiales: Son aquellas que se derivan del objeto material del derecho y la investigación científica del intérprete.

7.1 La costumbre

Es la regla de derecho que funda su valor en la tradición y no en la autoridad de legislador.

La costumbre, para ser considerada una fuente de derecho, debe cumplir los requisitos siguientes:

Publicidad: Debe basarse en actos notorios.

Libertad: Los actos fundados en la costumbre se realizan sin coacción entre las partes.

Repetitividad: Deben ser continuos y constantes para que se constituya una norma consolidada.

Uniformidad: Se presenta siempre de la misma forma, sin ningún tipo de variación.

Generalidad: Son actos practicados por la mayoría de los individuos en la sociedad.

Clasificación de la costumbre

La costumbre se divide en dos categorías, conforme a la territorialidad y su relación con la ley.

Clasificación de la costumbre según la territorialidad.

Costumbre nacional: Se practica en el todo el territorio de una nación.

Costumbre regional: Se lleva a cabo en un área administrativa determinada.

Costumbre local: Se realiza en una parte de una nación.

Clasificación de la costumbre según su relación con la ley.

Costumbre extra legem (fuera de la ley): Regula una materia no regulada por la ley.

Costumbre contra legem (contra la ley): Dispone de manera contraria a la ley.

Costumbre secundum legen o proper legem (por la ley propia): Observa la ley conforme a criterios de interpretación.[37]

7.2   La ley

Es un acto votado por las Cámaras y promulgado por el Presidente de la República, que regula la conducta externa humana con las características de generalidad, abstracción, impersonalidad, obligatoriedad y coercitividad.

---

[37] Enciclopedia Jurídica UCM. Consultado   en
http://webs.ucm.es/info/contratos/portada.php?id=131&modo=juridica&ok=1.

En adición a lo anterior, se define como ley el conjunto de normas o reglas establecidas por la autoridad competente para regular algo y órganos que la aplican.

Clasificación de la ley

La ley se clasifica en diferentes categorías de acuerdo a su sentido, sistema, margen de interpretación, modo de operación, y actuación de la voluntad individual.

Según su sentido:

Ley material: Es toda regla social que regula la conducta humana, que impone deberes y otorga derechos.

Ley formal: Es la emitida por la autoridad competente. Incluye los tratados internacionales, la Constitución, leyes adjetivas, reglamentos, decretos y resoluciones.

Según su sistema:

Ley internacional: Regula las relaciones entre los diversos Estados.

Ley nacional: Se aplica en el todo el territorio de una nación.

Ley regional: Son disposiciones en un área administrativa determinada.

Ley local: Se estatuyen en una parte de una nación.

Según su margen de interpretación

Ley rígida: Es taxativa y sus enunciados no son susceptibles de interpretación.

Ley flexible: Es aquella que se presta a la aplicación de métodos de interpretación sobre casos específicos.

Según su modo de operación:

Ley permisiva: Es la que facultan a un individuo a efectuar una conducta determinada.

Ley prohibitivas: Es la que restringe a una persona de realizar una conducta.

Ley declarativas: Es aquella ley que contiene definiciones en sus enunciados.

Según cómo actúa la voluntad individual:

Ley imperativa: Dicta una disposición obligatoria e imprescindible para los individuos.

Ley supletoria: Es la que no se impone a un individuo sino a falta de manifestación de su voluntad y regula los efectos de los actos jurídicos cuando las partes no lo hayan establecido.

Según su jerarquía:

Constitución: Es la ley fundamental de un Estado y la norma suprema del ordenamiento jurídico.

Tratado internacional: Es un acuerdo formal, solemne y escrito entre dos o más Estados con personalidad jurídica internacional y destinado a regular una materia

Ley adjetiva: Es la que regula un proceso determinado.

Reglamento: Es la norma destinada a asegurar la aplicación de una ley.

Decreto: Es toda decisión escrita emitida por el jefe de Estado.

Resolución: Es una medida para la ejecución de una ley, adoptada por una autoridad administrativa.

7.3   La jurisprudencia

Es el conjunto de decisiones emitidas por los tribunales sobre una materia determinada.

La función de los tribunales no solamente se limita a la aplicación del derecho, sino que en algunas situaciones, le corresponde realizar una labor interpretativa de la ley en casos concretos.

La jurisprudencia, después de la ley, es una fuente preponderante del derecho, en el sentido que constituye el elemento práctico de la ciencia jurídica, y contribuye a un análisis sistemático y científico del derecho.

Además, las decisiones de los tribunales abarcan elementos críticos del ordenamiento jurídico y fijan principios que sirven de precedente para el futuro.

Sistemas jurisprudenciales

En algunos sistemas jurídicos, la jurisprudencia tiene un rol prevalente, entre los cuales destacan los siguientes:

Sistema anglosajón: Se origina en la doctrina filosófica del empirismo inglés. Este considera la sentencia como el factor esencial del derecho. Se concentra en la ley como un conjunto de tradiciones (common law), y establece que la función del juez debe ser independiente, para tomar una decisión basada en el principio de justicia.

Sistema europeo: Se fundamenta en el principio que el poder legislativo es el único órgano con facultad para aprobar leyes. Este otorga al juez la facultad para la interpretación de la ley, sin la prerrogativa para la creación de normas.

Sistema hispanoamericano: Atribuye valor jurídico a las decisiones judiciales solamente cuando se expresan de forma reiterada.

7.4   La doctrina

Es el conjunto de tesis y opiniones de los tratadistas y estudiosos de la ciencia jurídica que explican y fijan el sentido de las leyes o sugieren soluciones para cuestiones aún no legisladas.

La importancia de la doctrina como fuente de derecho radica en la autoridad de los juristas y su influencia en la interpretación de las leyes.

7.5   El acto jurídico

Es una manifestación de voluntad cuyo fin es provocar consecuencias de derecho, con resultados reconocidos por medio del ordenamiento jurídico. El fundamento del acto jurídico es la declaración de voluntad, la cual está subordinada a las disposiciones legales.

Clasificación del acto jurídico

Según la formalidad:

Acto formal: Su eficacia depende del cumplimiento de las formalidades establecidas por la ley.

Actos no formales: Su validez no está supeditada a ninguna formalidad jurídica.

Según la realización del acto:

Acto positivo: Su éxito está relacionado a la realización de una acción determinada.

Acto negativo: Conllevan una omisión o una abstención.de una conducta jurídica.

Según las partes actuantes:

Acto unilateral: Proviene de la voluntad de una sola parte.

Acto bilateral: Requieren el consentimiento de dos o más partes.

Según el patrimonio:

Actos patrimoniales: Involucran un contenido económico.

Actos extra patrimoniales: Son aquellos que no conllevan sumas de dinero.

Según la obligación:

Gratuitos: La obligación reside en una única parte.

Onerosos: Son aquellos que generan obligaciones recíprocas.

7.6 Fuentes científicas o materiales

Son todos los factores y condiciones ajenas al derecho que originan la aparición y determinan el contenido de las normas jurídicas.

El ordenamiento jurídico no es una consecución aleatoria de la evolución de la sociedad, sino que son el producto de diversas causas.

Estos elementos abarcan las circunstancias sociales, históricas, culturales, geográficas, económicas, y en general todos los acontecimientos que influyen en la producción del derecho, determinan la elaboración de normas sociales, las que regulan o suplen sus vacíos, y están destinadas a satisfacer las necesidades colectivas según el momento histórico.

En adición a lo anterior, existen otros factores, como el religioso, político, científico, que inciden sobre las personas que elaboran las leyes.

CAPÍTULO 8

EL PROCESO DE FORMACIÓN Y DE LAS LEYES

La ley, como acto jurídico que se basa en los fundamentos de legalidad y legitimidad, debe pasar por un proceso formativo que le otorga validez.

El proceso formativo es el método o sistema establecido por la Constitución para la creación de las leyes.

La Constitución dispone la división política del Estado en tres poderes

Poder Ejecutivo: Se ejerce en nombre del pueblo por el Presidente de la República, en su condición de jefe de Estado y de gobierno.

Poder Legislativo: Se ejerce en nombre del pueblo por el Congreso Nacional, conformado por el Senado de la República y la Cámara de Diputados.

Poder Judicial: Se ejerce por la Suprema Corte de Justicia y los demás tribunales.

8.1   Elaboración de la ley

La planeación de una ley inicia con un proyecto realizado por un órgano con iniciativa de ley.

La Constitución Dominicana en su artículo 96   establece quiénes tienen derecho a iniciativa en la formación de las leyes:

1) Los senadores o senadoras y los diputados o diputadas;

2) El Presidente de la República;

3) La Suprema Corte de Justicia en asuntos judiciales;

4) La Junta Central Electoral en asuntos electorales.

La iniciativa legislativa popular es la disposición mediante la cual un número de ciudadanos y ciudadanas no menor del dos por ciento (2%) de los inscritos en el registro de electores, podrá presentar proyectos de ley ante el Congreso Nacional.

8.2   Aprobación de la ley

Es la fase del proceso de formación de la ley en la cual se otorga conformidad al proyecto.

Después de la presentación, el proyecto de ley admitido en una de las cámaras se someterá a dos discusiones distintas, con un intervalo de un día por lo menos entre una y otra discusión. En caso de que fuere declarado previamente de urgencia deberá ser discutido en dos sesiones consecutivas.

El artículo 99 de la Constitución establece que aprobado un proyecto de ley en una de las cámaras, pasará a la otra para su oportuna discusión, observando las mismas formalidades constitucionales. Si esta cámara le hace modificaciones, devolverá dicho proyecto modificado a la cámara en que se inició, para ser conocidas de nuevo en única discusión y, en caso de ser aceptadas dichas modificaciones, esta última cámara enviará la ley al Poder Ejecutivo. Si aquéllas son rechazadas, será devuelto el proyecto a la otra cámara y si ésta las aprueba, enviará la ley al Poder Ejecutivo. Si las modificaciones son rechazadas, se considerará desechado el proyecto.

El Poder Ejecutivo tiene la facultad de observar la ley remitida para su aprobación. El artículo 102 de la Constitución dispone que si el Poder Ejecutivo observa la ley que le fuere remitida, la devolverá a la cámara de donde procede en el término de diez días, a contar de la fecha en que fue recibida. Si el asunto fue declarado de urgencia, hará sus observaciones en el término de cinco días a partir de ser recibida.

El Poder Ejecutivo remitirá sus observaciones indicando los artículos sobre los cuales recaen y motivando las razones de la observación. La cámara que hubiere recibido las observaciones las hará consignar en el orden del día de la próxima sesión y discutirá de nuevo la ley en única.

Si después de esta discusión, las dos terceras partes de los miembros presentes de dicha cámara la aprobaren de nuevo, será remitida a la otra cámara; y si ésta la aprobare por igual mayoría, se considerará definitivamente ley y se promulgará y publicará en los plazos establecidos.

8.3   Promulgación de la ley

La promulgación es el decreto por el cual el jefe de Estado certifica oficialmente la existencia de la ley votada por ambas cámaras, y renuncia a su derecho de requerir a estas una nueva deliberación y ordena la ejecución de la ley.

El artículo 101 de la Constitución estatuye que toda ley aprobada en ambas cámaras será enviada al Poder Ejecutivo para su promulgación u observación. Si éste no la observare, la promulgará dentro de los diez días de recibida, si el asunto no fue declarado de urgencia, en cuyo caso la promulgará dentro de los cinco días de recibida, y la hará publicar dentro de los diez días a partir de la fecha de la promulgación. Vencido el plazo constitucional para la promulgación y publicación de las leyes sancionadas por el Congreso Nacional, se reputarán promulgadas y el Presidente de la cámara que las haya remitido al Poder Ejecutivo las publicará.

8.4   Publicación de la ley

Es la inserción de la ley en la Gaceta Oficial, para conocimiento de la ciudadanía y las autoridades obligadas a su cumplimiento.

La publicación constituye un requisito para la vigencia de la ley y determina el momento a partir del cual puede entrar en vigor.

El artículo 109 de la Constitución Dominicana establece que las leyes, después de promulgadas, se publicarán en la forma que la ley determine y se les dará la más amplia difusión posible. Serán obligatorios una vez transcurridos los plazos para que se reputen conocidas en todo el territorio nacional.

Como se puede observar, la publicación es el factor que le otorga la vigencia y obligatoriedad a la ley.

El artículo 1 del Código Civil Dominicano dispone que las leyes, después de promulgadas por el Poder Ejecutivo, serán publicadas en la Gaceta Oficial. Podrán también ser publicadas en uno o más periódicos de amplia circulación en el territorio nacional, cuando así lo disponga la ley misma o el Poder Ejecutivo. En este caso, deberá indicarse de manera expresa que se trata de una publicación oficial, y surtirá los mismos efectos que la publicación en la Gaceta Oficial.

Además estatuye que las leyes, salvo disposición legislativa expresa en otro sentido, se reputarán conocidas en el Distrito Nacional y en cada una de las Provincias, cuando hayan transcurrido los plazos siguientes, contados desde la fecha de la publicación hecha en conformidad con las disposiciones que anteceden, a saber: En el Distrito Nacional, el día siguiente al de la publicación. En todas las Provincias que componen el resto del territorio nacional, el segundo día.

8.5   Derogación de la ley

Consiste en dejar sin efecto una parte o la totalidad de una ley reemplazarla por otro texto.

Existen dos tipos de derogación:

Derogación parcial: Es cuando se revoca uno o varios fragmentos de la ley.

Derogación total o abrogación: Es la supresión completa de una ley por una disposición nueva.

Las leyes, como actos que rigen la vida del hombre en sociedad, no son invariables. Las sociedades están sujetas a procesos evolutivos que precisan modificar la norma jurídica, para adaptarla a las necesidades presentes.

Las normas jurídicas son un reflejo de la realidad histórica, económica y social de la colectividad.

Dentro de las causas de derogación de la ley, podemos citar:

Cambios históricos: Existen acontecimientos que transforman las sociedades de una forma radical, y llevan a la creación de un nuevo ordenamiento jurídico.

Ejemplo: La Revolución Francesa significó el paso de la monarquía al Estado moderno, y este proceso histórico generó nuevas leyes.

Cambios económicos: Los ciclos de la economía, en algunos casos, obligan a realizar variaciones en las leyes, para un mejoramiento de la productividad y el crecimiento económico.

Ejemplo: La globalización generó la necesidad de Tratados de Libre Comercio internacional para agilizar la circulación de mercancías de entre estados.

Cambios sociales: La alteración de la estructura de la sociedad tiene como consecuencia transformaciones en las reglas de derecho.

Ejemplo: Los avances en la tecnología informática han requerido regulaciones en el comercio electrónico y sanciones a los delitos tecnológicos.

8.6   La reforma constitucional

La Constitución, como ley suprema, tiene un proceso especial para ser reformada, establecidos en los artículos 267, 268, 269, 270 y 271.

La reforma de la Constitución sólo puede hacerse en la forma que indica ella misma y no puede ser suspendida ni anulada por ningún poder o autoridad, ni tampoco por aclamaciones populares.

Las modificaciones a la Constitución no pueden versar sobre la forma de gobierno que deberá ser siempre civil, republicano, democrático y representativo.

La Constitución puede ser reformada si la proposición de reforma se presenta en el Congreso Nacional con el apoyo de la tercera parte de los miembros de una u otra cámara, o si es sometida por el Poder Ejecutivo.

La necesidad de la reforma constitucional se declara por una ley de convocatoria. Esta ley, que no puede ser observada por el Poder Ejecutivo, ordena la reunión de la Asamblea Nacional Revisora, contiene el objeto de la reforma e indica el o los artículos de la Constitución sobre los cuales versará.

Para resolver acerca de la reforma propuesta, la Asamblea Nacional Revisora se reúne dentro de los quince días siguientes a la publicación de la ley que declara la necesidad de la reforma, con la presencia de más de la mitad de los miembros de cada una de las cámaras.

Sus decisiones se tomarán por la mayoría de las dos terceras partes de los votos. No podrá iniciarse la reforma constitucional en caso de vigencia de alguno de los estados de excepción.

Una vez votada y proclamada la reforma por la Asamblea Nacional Revisora, la Constitución es publicada íntegramente con los textos reformados.

CAPÍTULO 9

PRINCIPIOS DE APLICABILIDAD DE LA LEY

Los principios de aplicabilidad son los postulados que rigen las leyes para su ejecución. Estos son el de no ignorancia, temporalidad y espacialidad.

9.1 Principio de no ignorancia

Reside en que la ignorancia de la ley no excusa su incumplimiento. En el derecho romano se plantea en la máxima "Nemo censetur ignorare legem" (Nadie ignora la ley).

La doctrina ha desarrollado diferentes tesis para explicar este principio, que son las siguientes:

Tesis de la presunción: Sostiene que el principio de no ignorancia de la ley es una presunción de legislador. Parte de la idea que la ignorancia existe, sin embargo, no excusa el incumplimiento de la ley.

Tesis de la ficción: Plantea que la no ignorancia de la ley es una ficción jurídica, debido a la imposibilidad de los individuos de conocer todo el ordenamiento jurídico.

Tesis de la carga jurídica: Fundamenta que la no ignorancia es una carga impuesta por el legislador para obligar a los individuos a llevar los efectos de las leyes, independientemente de su conocimiento.

Tesis de la propia naturaleza y fuerza de la ley: Afirma que el carácter imperativo de la ley es absoluto, y no está condicionado al conocimiento del individuo.

Tesis de la necesidad: Plantea que la inadmisión de la excusa de la ignorancia es necesaria, porque en caso contrario, la eficacia de la ley se reduce sólo a los conocedores de la ley.

Tesis de la obligación: Considera que las personas están obligadas al conocimiento de las leyes y asumir la responsabilidad de su conducta.

Tesis del mejor orden jurídico o mal menor: Fundamenta la admisión de la excusa de la ignorancia perjudica la seguridad jurídica.[38]

9.2 Temporalidad de la ley

La temporalidad consiste en los principios que rigen la aplicación de la norma jurídica en el tiempo que son el de irretroactividad y retroactividad de la ley.

En la República Dominicana, prevalece el principio de irretroactividad de la ley.

9.2.1 Irretroactividad de la ley

Establece que la ley no es aplicable a hechos jurídicos anteriores a su vigencia.

La irretroactividad está prevista en el artículo 110 de la Constitución que preceptúa que la ley sólo dispone y se aplica para lo porvenir. No tiene efecto retroactivo sino cuando sea favorable al que esté subjúdice o cumpliendo condena. En ningún caso los poderes públicos o la ley podrán afectar o alterar la seguridad jurídica derivada de situaciones establecidas conforme a una legislación anterior.

El Código Civil también estatuye en su artículo 2 que la ley no dispone sino para el porvenir, no tiene efecto retroactivo.

El principio de irretroactividad exceptúa los casos en que se emitan leyes que favorezcan a las personas que se encuentren bajo proceso judicial.

9.2.2 Retroactividad de la ley

---

[38] Lluis y Navas, Jaime. Consideraciones sobre la ignorancia de las leyes.

Existen corrientes de pensamiento que difieren del principio de irretroactividad de la ley, y han planteado diversas teorías que contraponen esta idea. Estas son la teoría de los derechos adquiridos, de los derechos cumplidos y la teoría de las situaciones jurídicas.

Teoría de los derechos adquiridos: Sostiene que la ley nueva no tiene facultad para dejar sin efecto los derechos que la persona adquirió antes de la nueva ley, y se basa que la ley está destinada a la protección social y garantizar la seguridad jurídica.

Teoría de los hechos jurídicos: Fundamenta que los hechos jurídicos se rigen por la ley vigente en el tiempo en que fue consumado, y por consiguiente, la ley nueva no tiene efectos posteriores.

Teoría de las situaciones jurídicas: Afirma que la ley es retroactiva, si extingue o modifica una situación jurídica concreta.

9.3 Espacialidad de la ley

La espacialidad consiste en los postulados que delimitan la aplicación de la norma jurídica en un espacio geográfico determinado, que son la territorialidad y la extraterritorialidad.

9.3.1 Territorialidad de la ley

La ley es territorial cuando la relación jurídica en todos sus aspectos está sometida a la ley del territorio, local o nacional.

La territorialidad de la ley implica que no se puede aplicar más que la ley nacional, por lo que una ley es territorial, cuando rige todos los hechos realizados en un determinado territorio o que interesen al mismo, como por ejemplo la ley penal, que se aplica a todas las infracciones cometidas en el país donde se promulga.

En la República Dominicana, la Constitución describe que el territorio nacional está conformado por:

1) La parte oriental de la isla de Santo Domingo, sus islas adyacentes y el conjunto de elementos naturales de su geomorfología marina. Sus límites terrestres irreductibles están fijados por el Tratado Fronterizo de 1929 y su Protocolo de Revisión de 1936. Las autoridades nacionales velan por el cuidado, protección y mantenimiento de los bornes que identifican el trazado de la línea de demarcación fronteriza, de conformidad con lo dispuesto en el tratado fronterizo y en las normas de Derecho Internacional;

2) El mar territorial, el suelo y subsuelo marinos correspondientes. La extensión del mar territorial, sus líneas de base, zona contigua, zona económica exclusiva y la plataforma continental serán establecidas y reguladas por la ley orgánica o por acuerdos de

delimitación de fronteras marinas, en los términos más favorables permitidos por el Derecho del Mar;

3) El espacio aéreo sobre el territorio nacional, el espectro electromagnético y el espacio donde éste actúa. La ley regulará el uso de estos espacios de conformidad con las normas del Derecho Internacional.

El Código Civil, en su artículo 3 establece que están regidos por la ley dominicana las leyes de policía y de seguridad, Los bienes inmuebles, aunque sean poseídos por extranjeros, están regidos por la ley dominicana y las leyes que se refieren al estado y capacidad de los dominicanos, aunque residan en país extranjero.

9.3.2 Extraterritorialidad de la ley

La ley es extraterritorial cuando la validez o la ubicación nacional se extienden a otros ordenamientos jurídicos.

La extraterritorialidad de la ley implica que el juez nacional puede aplicar la ley extranjera, es decir, que puede aplicar una ley distinta de la suya a hechos sucedidos en su territorio o que presentan algún interés para el mismo

9.4 Conflictos de ley

Es la situación que se produce a causa de las diferencias existentes entre las legislaciones aplicables sucesivamente en un mismo lugar (conflicto de ley en el tiempo), en lugares distintos (conflicto de ley en el espacio), o en un mismo lugar pero con referencia a grupos distintos de individuos (conflicto de ley personal).

También se define como el concurso de dos o más normas que emanan de Estados diferentes y aplicables a un mismo hecho jurídico.

Los conflictos de ley en el espacio son objeto de estudio del derecho internacional privado.

9.4.1 Tesis en materia de conflictos de ley

Los doctrinarios han elaborado diferentes tesis sobre los conflictos de ley en el espacio, y la norma jurídica aplicable.

Tesis de Jean Paulin Niboyet:

Para Niboyet, la ley es territorial cuando rige todos los hechos realizados en un denominado territorio o interesan al mismo. Tal es el caso de la ley penal, que se aplica a todas las infracciones cometidas en el país donde se promulga, o de la ley referente a los bienes inmuebles, la cual rige todos ellos, cualesquiera que sean sus propietarios.

Cuando la ley es territorial, el juez no puede nunca aplicar ninguna otra; e inversamente, el juez para los hechos acaecidos en el extranjero, aplica en estos casos la ley territorial extranjera.

La ley es extraterritorial cuando el juez puede aplicar una ley distinta de la suya a hechos acaecidos en su territorio o que representan algún interés para el mismo.

Tesis estatutaria

Esta fue desarrollada en Italia. La palabra estatuto es utilizada en la Edad Media para denominar las normas existentes en las provincias italianas de la época.

La tesis estatutaria planteada por Baldo de Ubaldi categoriza los estatutos en personales, referentes a las personas, y los reales, relativos a las cosas.

En adición a lo anterior, formula dos problemas que originan los conflictos de leyes: la aplicación del estatuto local a los ciudadanos extranjeros y la aplicación del estatuto de una ciudad fuera de límite territorial.

Para la aplicación del estatuto local a los extranjeros, formula una división en contratos, delitos, testamentos y materias no pertenecientes a las anteriores.

En materia de contratos se establece la distinción entre la forma y el fondo. En cuanto a la forma la ley territorial rige al acto (Locus regis actum), y en lo referente al fondo, el juez aplica la ley territorial en materia de procedimiento.

En materia de delitos, la norma aplicable es la ley del lugar donde ocurre el hecho.

En materia sucesoral, en cuanto la forma y el fondo rige la ley territorial donde se otorgó el testamento.

En materias distintas a los contratos, delitos o testamentos, prevalece la ley de situación, es decir, la ley más eficaz para la solución del conflicto.

Tesis de la personalidad del derecho

La tesis de la personalidad fue expuesta por el jurista italiano Pasquale Stanislao Mancini.

Mancini sostiene que la nacionalidad, al igual que funda la existencia del Estado, también funda el imperio de sus leyes, y estas siguen al ciudadano donde quiera que se traslade.

La base de la tesis de la personalidad consiste en la aplicación exclusiva de la ley nacional a toda persona cualquiera que sea y donde quiera que se encuentre.
Esta regla de aplicación personal solamente admite tres excepciones:

1. Cuando la ley sea de orden público;
2. De la forma de los actos, que acepta la regla locus regis actum;
3. De la libertad de las partes para determinar la ley a la cual ha de someterse un contrato, que consagra el principio de la autonomía de la voluntad.

Tesis de Pillet

Esta tesis para la solución de los conflictos de leyes fue formulada por el tratadista francés Antoine Pillet.

El análisis de Pillet concluye que los conflictos de leyes constituyen conflictos de soberanía, y que la soberanía de un Estado se expresa en cuanto al imperio de su legislación, mediante la permanencia y la generalidad.

La permanencia radica en que la ley debe ser aplicada de forma permanente para que no sea distorsionada.

La generalidad significa que esta rige a todos los individuos y a todas las relaciones enmarcadas en el territorio de un Estado.

Tesis de Savigny

El jurista alemán Friedrich Carl Von Savigny elaboró su tesis sobre los conflictos de leyes, basada en las siguientes ideas:

-Existencia de una comunidad de derecho, de una consciencia común entre los diversos pueblos;

-La admisión de la aplicación de la ley extranjera en virtud de una obligación jurídica.

-La necesidad de determinar para cada relación jurídica el dominio del derecho más adecuado a la naturaleza propia de esta relación. La ley que debe regir las relaciones jurídicas debe ser la que mejor convenga a la naturaleza de la relación misma.

-Distingue las nociones de derecho de persona y el derecho aplicable a cada relación jurídica en particular. En lo relativo a la ley de la persona, se aplica la ley del domicilio.

-Los elementos para determinar la sede de una relación jurídica pueden ser: 1) El domicilio de la persona interesada; 2) El lugar de la cosa; 3) El lugar donde nace o tendrá efecto el acto jurídico; 4) La residencia del Tribunal llamado a conocer dicha relación.

-Cada relación de derecho está ubicada en un determinado lugar, el cual se determina mediante la noción de la sumisión voluntaria
-Somete la ley del domicilio de la persona como la ley a la cual se ha sometido voluntariamente.

-Admite las excepciones que motivan la aplicación exclusiva del derecho, como la noción de orden público.

-La determinación de los derechos de las personas sobre los bienes se somete a la ley de situación de los bienes

-Para establecer la validez y efectos de las obligaciones, debe aplicarse la ley del lugar de ejecución;

-Para la forma de los actos, debe regir la ley de lugar donde se produjo el hecho.[39]

9.4.2 Métodos de solución de conflictos de leyes

Es el conjunto de procedimientos empleados para solucionar los conflictos de las normas jurídicas. Estos son el sustancialista, exclusivista y conflictualista.

Método de creación o sustancialista: Es aquel que crea un nuevo derecho, adaptado a la naturaleza internacional de la relación a regular.

Método de autolimitación o exclusivista: Regula a través de la limitación del derecho territorial propio, las normas de policía y orden público.

Método de elección o conflictualista: Consiste en la escogencia de un ordenamiento jurídico de todos los aplicables, con miras a solucionar la disparidad jurídica.[40]

Método de solución de conflictos de leyes en el derecho dominicano.

---

[39] Arias Núñez, Luis. Manual de derecho internacional privado. Tercera edición. República Dominicana. Editora Centenario, S.A. 1996.
[40] Mariño, Fernando. Métodos del derecho internacional privado.

El derecho dominicano establece un método de solución de conflictos de leyes mixto, ya que toma algunos aspectos del método exclusivista, como las normas de policía y orden público, y conflictualista en materia contractual, ya que permite a las partes escoger la ley aplicable.

El criterio de solución de conflictos de leyes en el derecho dominicano es el siguiente:

1. Los bienes inmuebles están regidos por la ley dominicana;
2 Los contratos son regulados por la ley escogida por las partes, por la ley donde se celebró el contrato o la ley donde se ejecuta o produce sus efectos;
3. Los hechos jurídicos se rigen por la ley del lugar donde se producen;
4. La forma de los actos se rigen por la ley del lugar donde se ejecutan;
5. El procedimiento es regido por la ley del tribunal que conoce el caso.

CAPÍTULO 10

LA INTERPRETACIÓN DE LA LEY

Interpretación jurídica es la explicación del sentido de una ley, decisión o acto.

La interpretación es un elemento primordial del ordenamiento, en el sentido que el destino de la norma es su cumplimiento. En consecuencia, para que una ley pueda tener una correcta aplicación, se requiere un análisis del texto jurídico.

El proceso de interpretación de la ley abarca la conversión de una regla general a situaciones particulares, la modificación de términos abstractos a preceptos concretos.

El juez tiene el rol de interpretación de la ley, bajo los principios de justicia y razonabilidad., es decir, la búsqueda de la norma adecuada tanto al caso como al ordenamiento jurídico.

10.1 Características de la interpretación

Las principales características que debe reunir la interpretación jurídica son:

Objetividad: Es de un objeto, y se convierte un objeto nuevo, aunque subordinado a aquél.

Falibilidad: Puede ser evaluada, como correcta o incorrecta. (Atender al caso concreto).

Relatividad: Está relacionada a la cosa a interpretar (caso y norma) y al sujeto intérprete.

10.2   Agentes de interpretación jurídica

Son las personas que realizan la interpretación del texto jurídico:

Ciudadanos: Realizan un tipo de interpretación denominada vulgar o común en razón de sustentarse en el mero sentido común de las personas interesadas con los alcances de una norma específica.

Abogados litigantes: Realizan un tipo de interpretación denominada de parte contenciosa en razón de ser la esgrimida por los letrados, en una causa judicial, para defender los puntos de vista del demandante, demandado, denunciante o denunciado.

Juristas: Realizan un tipo de interpretación denominada doctrinal o libre en razón de no encontrarse sujeta a pautas o intereses particulares. Su enunciación teórica se justifica en la búsqueda del progreso permanente del derecho, mas carece de fuerza obligatoria.

Jueces: Realizan un tipo de interpretación denominada judicial, que se da en el momento de sentenciar los casos sometidos a su competencia (esta forma de interpretación es obligatoria a para las partes. Por extensión, el término incluye a los fiscales y a funcionarios con capacidad de decisión en la Administración pública.

Legisladores: Realizan un interpretación denominada auténtica -la misma que se efectúa por el órgano Legislativo que elaboró la norma.

10.3   Fuentes de interpretación jurídica

Son los sistemas de donde procede la interpretación del texto jurídico:

Fuente de interpretación doctrinal: Es la practicada por los juristas, tratadistas y estudiosos de la ciencia del derecho.   No son de carácter obligatorio y solamente tienen una finalidad científica e investigativa.

Fuente de interpretación judicial: Es la que proviene de los jueces y tribunales y se encuentran plasmadas en las motivaciones de las decisiones judiciales. Son de carácter obligatorio y trascienden la vida social.

Fuente de interpretación auténtica o legislativa: Es la emanada por el propio autor de la norma, es decir del legislador o el poder legislativo en conjunto.

10.4 Métodos de Interpretación de la ley.

Los métodos de interpretación de la ley son los utilizados en el proceso de la actividad para descubrir o atribuir significado, con la finalidad de decidir el alcance, sentido, contenido e implicación de un texto legal, para su aplicación en casos concretos.

Método de interpretación literal o exegético: Es aquel que busca el sentido de la norma jurídica en el texto de las mismas, es decir, mediante los términos usados por el legislador.

El método de interpretación literal se subdivide en:

Método de interpretación literal restrictivo: Limita el alcance de la norma para su aplicación en casos específicos.

Método de interpretación literal extensivo: Amplía el significado del texto jurídico para ser aplicado en situaciones que no están comprendidas en los términos literales de la norma.

Método de interpretación literal semántico: Se ocupa de analizar el sentido de las palabras del texto.

Método de interpretación literal sintáctico: Estudia el enunciado completo del texto.

Método de interpretación sistemático: Procura el significado de la norma jurídica atendiendo al o sistema del que forma parte.

Método de interpretación histórico: Examina la norma en el contexto histórico de la institución jurídica a que pertenece. Esta clase de interpretación fue utilizada por los integrantes de la Escuela Histórica del Derecho de Von Savigny.

El método de interpretación histórico se subclasifica en:

Método de interpretación histórico estático: Analiza el texto a partir de la tradición de la institución jurídica.

Método de interpretación histórico dinámico o evolutivo: Consiste en tomar la historia de la institución jurídica de cómo un proceso evolutivo, para adaptar la norma jurídica al futuro.

Método de interpretación genético: Se sustenta en las causas que originaron el surgimiento de la ley.

Método de interpretación teleológico: Atribuye significado a la norma atendiendo a la finalidad del precepto jurídico.

Método de interpretación analógico: Examina la ley tomando en cuenta formulaciones normativas y situaciones jurídicas similares.

10.4 Teorías de la interpretación jurídica

La doctrina ha elaborado distintas teorías sobre la interpretación de los textos jurídicos, entre las cuales figuran las siguientes:

Teoría exegética: Se fundamenta en que la consulta de la ley es la única fuente de interpretación jurídica y que esta reside en examinar la voluntad del legislador.

Teoría dogmática: Se basa en la interpretación de la norma a partir del texto íntegro de la ley.

Teoría de la evolución histórica: Plantea que la interpretación jurídica debe perseguir el mejor modo de aplicación, conforme a la realidad social existente.

Teoría de la libre investigación científica: Surge de una crítica a la teoría exegética. Sostiene que la interpretación jurídica no debe limitarse a la ley, sino tomar en cuenta otras fuentes de derecho, como la costumbre.

Teoría del derecho libre: Sostiene que el juez tiene completa libertad e independencia para la interpretación de las normas, inclusive la separación del derecho positivo.

Teoría pura del derecho: Establece que toda norma jurídica es interpretada en la medida en que se desciende un grado en la jerarquía del orden jurídico para su aplicación.

Teoría egológica del derecho: Plantea que el objeto de interpretación jurídica no es la ley, sino la conducta humana plasmada a través de la ley.

10.5 La interpretación constitucional

La Constitución, como ley sustantiva, tiene características especiales en cuanto al criterio de interpretación, que se rige por los siguientes principios:

Principio de unidad constitucional: La constitución debe interpretarse de forma unitaria e integral, sin considerar sus disposiciones como normas aisladas.

Principio de la coherencia: La norma constitucional no es contradictoria, y debe existir concordancia entre los preceptos constitucionales que protejan bienes jurídicos.

Principio de la funcionalidad: Consiste en el respeto a las competencias de los distintos órganos, para que estos operen con independencia y coordinación.

Principio de la eficacia: La interpretación jurídica debe estar orientada a que se a la optimización de la norma constitucional, para que esta sea eficaz.

Principio in dubio pro libertate: En caso de duda, la norma constitucional se orienta a garantizar la libertad del ser humano.

Principio de duración constitucional: Tiene como objetivo la durabilidad en el tiempo de la ley sustantiva, conjuntamente con programa político y de Estado que esta conlleva.[41]

---

[41] Moscol Aldana, Daniel Humberto. Introducción a las ciencias jurídicas. Interpretación jurídica.

CAPÍTULO 11
EL ORDEN JERÁRQUICO DE LAS NORMAS JURÍDICAS

Las normas jurídicas están sujetas a un orden, según su importancia. Esta jerarquía tiene la finalidad de establecer un criterio de aplicabilidad y solucionar cualquier tipo de conflicto entre normas de distinto nivel jerárquico. Hans Kelsen desarrolló un postulado sobre la jerarquización de las normas, del cual se derivan los principios siguientes:

Principio de superioridad constitucional: La constitución tiene prevalencia sobre cualquier norma, debido a que de ella derivan los fundamentos de las demás leyes.

Principio de igualdad entre la los tratados internacionales y la ley adjetiva: Los tratados internacionales, después de su ratificación, son integrados al ordenamiento jurídico nacional y adquieren el mismo carácter y obligatoriedad de la ley adjetiva nacional.

Principio de superioridad de la ley sobre los reglamentos administrativos: Los reglamentos no pueden regular materias reservadas a la ley ni infringir normas con dicho rango. En caso de contradicción con la ley adjetiva, el reglamento quedaría afectado de nulidad.

En el orden jerárquico continúan los decretos y las resoluciones.

11.1 Constitución

Es la ley fundamental de un Estado y la norma suprema del ordenamiento jurídico. Es la fuente principal de derecho. También se define como el conjunto de reglas fundamentales que rigen la organización y las relaciones entre los poderes públicos y fijan los principios de derecho público de un Estado.

La Constitución se divide en dos partes:

Parte dogmática: Contiene los principios básicos, sociales y económicos sobre los que se desarrolla el proceso político de un Estado, así como la declaración de derechos y deberes fundamentales.

Parte orgánica: en la que se regulan las funciones y organización de los distintos poderes y el procedimiento de designación de los mismos.

Clasificación de la constitución

La Constitución se categoriza en rígida y flexible

Constitución rígida: Es aquella que sólo puede ser modificada mediante un procedimiento legislativo extraordinario.

Constitución flexible: Puede ser modificada mediante un proceso legislativo ordinario.[42]

11.2 Tratados Internacionales.

Son acuerdos formales entre dos o más Estados con personalidad jurídica, para regular una materia determinada.

Clasificación de los Tratados Internacionales

Los tratados internacionales se categorizan según las obligaciones que generan, la materia, los sujetos participantes, duración, proceso de negociación y conclusión.

Según las obligaciones que generan:

Tratado ley: Sienta reglas objetivas de derecho internacional, y su ratificación implica su inclusión en el ordenamiento jurídico del Estado firmante.

Tratado contrato: Es aquel que contiene estipulaciones de orden subjetivo.

---

[42] Capitant, Henri. Vocabulario Jurídico. Sexta edición. Argentina. Ediciones De Palma. 1977;

Según la materia:

Tratado comercial: Regula los intercambios mercantiles entre varios estados.

Tratado político: Rige la forma de gobierno de varios estados.

Tratado cultural: Versa sobre el conjunto de conocimientos científicos, literarios y artísticos de los estados.

Tratado humanitario: Abarca la protección de las víctimas en casos de conflicto bélico.

Según el número de contratantes

Tratados bilaterales. Los concertados entre dos contratantes.

Tratados plurilaterales o multilaterales. En los que participan dos o más contratantes

Según el grado de apertura a la participación

Tratados abiertos. A los que se puede llegar a ser Parte en los mismos aunque no se haya tomado parte en su proceso de formación.

Tratados cerrados. Aquellos que quedan restringidos a los participantes originarios en los mismos y en los que la participación de un nuevo Estado supone la creación de un nuevo acuerdo entre los participantes originarios y el nuevo Estado.

Tratados semicerrados. Aquellos en que otros Estados pueden llegar a ser Partes, distintos a los Estados originarios, pues figuran en una lista anexa al tratado o bien se prevé en el propio Tratado un procedimiento particular de adhesión y también por el envío de una invitación de los Estados originarios para que otros Estados se adhieran al Tratado.

Por la naturaleza de los sujetos que participan

Tratados entre Estados: Son los pactados entre Estados y otros sujetos del derecho internacional.

Tratados entre otros sujetos de derecho internacional: Son los celebrados entre organizaciones internacionales entre sí.

Según su duración

Tratados de duración determinada: Son aquellos que tienen un plazo pasado el cual se extinguen.

Tratados de duración indeterminada: No están sujetos a plazo, salvo denuncia.

Tratados prorrogables: Incluyen de forma expresa o tácita una cláusula prórroga, salvo denuncia expresa dentro de un término preestablecido.

Según su forma de conclusión

Tratados concluidos en forma solemne: Su perfeccionamiento exige un acto de ratificación autorizada por el Parlamento, la intervención en su proceso formativo del Jefe del Estado como órgano supremo en las relaciones internaciones y el intercambio o depósito de los instrumentos de ratificación.

Tratados concluidos en forma simplificada. Obligan en virtud de un acto distinto a la ratificación, manifestándose el consentimiento mediante la autenticación del texto del acuerdo o por un acto posterior a la autenticación, distinto de la ratificación, como la aprobación, la notificación, la aceptación o la adhesión.

Proceso de formación de los tratados internacionales

La formación de los tratados internacionales abarca las siguientes fases:

Otorgamiento de los plenos poderes: Es un documento que emana de la autoridad competente de un Estado y por el que se designa a una o varias personas para representar al Estado en la negociación, la adopción o la autenticación del texto de un tratado, para expresar el consentimiento del Estado en obligarse por un tratado.

Negociación: Es el cambio de opiniones entre dos estados, por intermedio de sus agentes diplomáticos o enviados especiales y su gobierno, o entre varios estados, con el objeto de lograr la concertación de un acuerdo

Manifestación del consentimiento: Es cuando los Estados contratantes expresan su voluntad para firmar el tratado, la cual puede realizarse de forma total, mediante la ratificación, o parcial, cuando existen reservas sobre algún aspecto del convenio.

Ratificación: Es el acto internacional mediante el cual un Estado indica su consentimiento en obligarse por un tratado, siempre que las partes la hayan acordado como la manera de expresar su consentimiento. En el caso de tratados bilaterales, la ratificación se efectúa por lo general mediante el canje de los instrumentos requeridos. En el caso de tratados multilaterales, el procedimiento normal consiste en que el depositario recoja las ratificaciones de todos los Estados y mantenga a todas las partes al corriente de la situación. La necesidad de firma sujeta a ratificación concede a los Estados el tiempo necesario para lograr la aprobación del tratado en el plano nacional, y para adoptar la legislación necesaria para la aplicación interna del tratado.

Reserva: Es una declaración de un Estado mediante la cual pretende excluir o modificar el efecto jurídico de algunas disposiciones del tratado en su aplicación a ese Estado. Una reserva permite a un Estado aceptar un tratado multilateral en su conjunto dándole la posibilidad de no aplicar las disposiciones que no quiere aceptar. Pueden formularse reservas durante la firma del tratado, la ratificación, la aceptación, la aprobación o en el momento de la adhesión. Las reservas no deben ser incompatibles con el objeto o el fin del tratado. Además, un tratado puede prohibir reservas o no autorizarlas todas.

Entrada en vigor: Por lo general, las disposiciones del tratado determinan la fecha de su entrada en vigor. Si el tratado no especifica la fecha, se supone que los signatarios desean la entrada en vigor a partir del momento en que todos los Estados negociadores hayan expresado su consentimiento en obligarse por el tratado. Los tratados bilaterales pueden prever su entrada en vigor en una fecha determinada: bien el día de la última firma, o bien tras el canje de instrumentos de ratificación o de notificaciones. En lo que se refiere a los tratados multilaterales, se establece que un número concreto de Estados debe expresar su consentimiento para que el tratado pueda entrar en vigor. Algunos tratados prevén que además deben cumplirse otras condiciones y precisan, por ejemplo, que los Estados que pertenezcan a cierta categoría deben encontrarse entre aquellos que den su consentimiento. El tratado también puede prever que debe pasar un tiempo desde que el número deseado de Estados dé su consentimiento o que deben cumplirse ciertas condiciones. El tratado sólo entra en vigor para los Estados que hayan expresado el consentimiento exigido. Sin embargo, el tratado también puede disponer su entrada en vigor provisional, cuando se hayan cumplido ciertas condiciones.[43]

11.3 Ley Adjetiva

Es el conjunto de normas o reglas establecidas por la autoridad competente para regular una materia específica y los órganos que la aplican.

La ley tiene diferentes clasificaciones, que fueron tratadas anteriormente. Para establecer la jerarquización de las leyes, es necesario hacer una diferenciación entre las leyes orgánicas y las leyes ordinarias, según su naturaleza.

Leyes orgánicas

La constitución define como leyes orgánicas aquellas que por su naturaleza regulan los derechos fundamentales; la estructura y organización de los poderes públicos; la función pública; el régimen electoral; el régimen económico financiero; el presupuesto, planificación e inversión pública; la organización territorial; los procedimientos constitucionales; la seguridad y defensa; las materias expresamente referidas por la Constitución y otras de igual naturaleza.

Para su aprobación o modificación requerirán del voto favorable de las dos terceras partes de los presentes en ambas cámaras.

---

[43] Organización de las Naciones Unidas (ONU). Glosario de términos. Disponible en http://www.un.org/es/treaty/glossary.shtml.

Como se puede observar, la constitución dispone un régimen extraordinario para la modificación de esta clase de leyes, en virtud de que las materias que regulan son especiales y sensitivas para la sociedad.

Leyes ordinarias

Son las que no requieren un proceso especial para su anuencia, sino que cursan el procedimiento ordinario de aprobación con la mayoría simple en las cámaras legislativas.

11.4 Reglamento

Es la norma jurídica de rango inferior a la ley dictada por órgano que tiene atribuida potestad reglamentaria.

Clasificación de los reglamentos

Los reglamentos se clasifican en:

Reglamento ejecutivo: Son aquellos que desarrollan la ley. (Secundum legem)

Reglamento independiente: Tienen como finalidad regular situaciones no previstas por la ley. (Extra legem)

Reglamento de necesidad: Se producen como consecuencia de un estado de urgencia. (Contra legem)

11.5 Decreto

Es toda disposición o mandamiento escrito emanado del Poder Ejecutivo, en el ejercicio de sus atribuciones.

Clasificación de los decretos

Los decretos se categorizan según su contenido y su relación con las leyes:

Según su contenido:

Decretos generales: Sientan reglas de derecho generales, abstractas e impersonales.

Decretos individuales: Son los relativos a situaciones jurídicas particulares, concretas e individuales.

Según su relación con la ley:

Decreto ley: Es aquel dictado en virtud de una autorización legislativa en un campo que depende normalmente de la competencia del Congreso y que tiene fuerza de ley, es decir, que es capaz de modificar las leyes vigentes.

Decreto simple: Son las decisiones emitidas por el Poder Ejecutivo, con rango inferior a la ley.

11.6 Resolución

Son las decisiones y medidas de publicidad y ejecución de las leyes adoptadas por las autoridades administrativas como ministros, alcaldes, gobernadores.

Clasificación de las resoluciones

Resoluciones generales: Son aquellas que tienen naturaleza reglamentaria.

Resoluciones individuales: Se emiten para regular situaciones especiales. [44]

---

[44] Nota No. 34, Ibíd.

CAPÍTULO 12
CLASIFICACIÓN DEL DERECHO OBJETIVO

El derecho como conjunto normativo se caracteriza por la generalidad y la diversidad. Esta diversidad requiere una sistematización y especialización en las áreas de conocimiento jurídico, para un mejor análisis.

Aunque existen diferentes criterios de clasificación de las ramas del derecho, prevalece la categorización tradicional, fundamentada en el derecho romano, que lo divide en derecho público y derecho privado.

La división del derecho público y privado no es absoluta, porque las instituciones jurídicas no surgen de forma independiente.

El primer criterio clasificador proviene de la Ley de las Doce Tablas, y fue continuado por el jurisconsulto Ulpiano.

Esta distinción implica el reconocimiento de la separación de las esferas colectiva e individual, sin embargo no es excluyente, porque el Estado tiene primacía sobre los individuos, es decir, el derecho privado está supeditado al derecho público.[45]

12.1 Derecho público

Es el conjunto de normas que regulan la actividad del Estado en el ejercicio de sus funciones y en sus relaciones con los particulares en su calidad de poder público.

Subdivisiones del derecho público

[45] Enciclopedia Jurídica Omeba. Tomo 8, México. Editorial Omeba. 2009. ISBN 970-94536-3-3.

Derecho penal: Es la rama del ordenamiento jurídico que estudia la sanción de las infracciones.

Derecho constitucional: Se ocupa de regular los órganos del Estado; el procedimiento a través del cual se manifiesta el poder o la voluntad del Estado, así como el reconocimiento y garantía de los derechos de los ciudadanos.

Derecho administrativo: Es el área del derecho público que determina la organización y comportamiento de la administración y rige sus relaciones jurídicas con el administrado.

Derecho internacional público: Regulan las relaciones entre los Estados y los demás sujetos de la sociedad internacional.

Derecho financiero: Tiene por objeto el estudio sistemático de las normas que regulan los recursos económicos, que el Estado y los demás entes públicos pueden emplear para el cumplimiento de sus fines.

Derecho fiscal: Rama del derecho que concierne a la creación, liquidación y recaudación de los impuestos.

Derecho agrario: Regula los intereses y actividades que tienen como base la explotación de la tierra, sea mediante la agricultura, la ganadería u otras industrias agropecuarias.

Derecho municipal: Rige la organización y funcionamiento de la administración de los municipios.

Derecho electoral: Regula los procesos electorales y la participación del electorado en la política nacional.

12.2 Derecho Privado

Es la división del derecho que abarca el conjunto de normas que regulan la actividad y relaciones de los particulares entre sí, y se caracteriza por la situación de igualdad jurídica de los individuos. También regula las relaciones entre particulares y la administración cuando ésta no actúa en el ejercicio de sus prerrogativas, sino como un particular más.

Subdivisiones del derecho privado

Derecho civil: Es la rama del derecho privado que comprende las normas relativas al estado y capacidad de las personas, la familia, el patrimonio, transmisión de bienes, contratos y obligaciones.

Derecho comercial: Rige las relaciones entre particulares, relativas al ejercicio del comercio, o que resultan del cumplimiento de actos de comercio.

Derecho internacional privado: Tiene por objeto regular las relaciones de derecho privado que ponen en acción concurrentemente leyes o jurisdicciones de diferentes Estados.

Derecho de familia: Es el conjunto de derechos que tiene por objeto las relaciones de la familia (patria potestad, potestad marital, tutela).

Derecho marítimo: Estudia las de normas jurídicas concernientes a la navegación marítima y al trasporte de personas y de mercaderías por mar.

Derecho laboral: Es el área del derecho que regula las relaciones de trabajo individuales y colectivas existentes entre un empleador y uno o más asalariados.

Derecho industrial: Es la rama del derecho que abarca el tratamiento de la propiedad industrial de la empresa, como las marcas de fábrica, patentes, nombres comerciales, dibujos y modelos industriales.

12.3 El derecho social o mixto

En la doctrina contemporánea, se ha incluido el concepto de derecho social para denominar las materias laboral, agraria y de seguridad social.

El término se contrapone al derecho civil, en el sentido que el ya que se tiene la finalidad de evocar las relaciones en un contexto de equidad y justicia social.

Estas áreas se consideran un derecho mixto, porque interviene el Estado, y además rige las relaciones de los particulares.

CAPÍTULO 13
TEORÍA GENERAL DEL ESTADO

El derecho y el Estado tienen una relación bilateral en el sentido que el derecho, como conjunto de normas, son emitidas por Estado, quien es el ente originario creador del ordenamiento jurídico, con facultad sancionadora. El derecho objetivo es inexistente sin el Estado.

A su vez, el Estado se vale del derecho para regular la conducta social. Un Estado sin ordenamiento jurídico no puede cumplir con sus funciones, y se ve reducido a una coexistencia caótica de individuos.

13.1 Concepto de Estado

Es un grupo de individuos establecidos sobre un territorio determinado y sujetos a la autoridad de un mismo gobierno.

También se define como la entidad política que preside los destinos colectivos de una sociedad y que ejerce, por esta razón, el poder legal.

El Estado es calificado por algunos autores como la agrupación política por excelencia.

13.2 Origen del Estado

Existen tres teorías para explicar el origen del estado:

Teoría teológica: Afirma que el Estado es creado por Dios, por lo tanto es sobrenatural.

Teoría de pacto social: Señala que el Estado es una creación humana, que es obra de la voluntad de los hombres.

Teoría histórica: Determina un origen histórico el Estado, derivado de la vida misma de los hombres, como consecuencia de un proceso real y positivo. También se le conoce como Teoría histórica o sociológica.

13.2 Elementos del Estado

Para la conformación de un Estado, es necesaria la relación de tres elementos primordiales para su conformación, que son la población, el territorio y el gobierno.

Población: Es el conjunto de personas que componen un lugar. La población está formada por los individuos que pertenecen a un Estado determinado, y conforman el elemento humano.

Territorio: Es la extensión de la superficie terrestre que sirve de asiento a una comunidad política. La descripción de territorio en sentido amplio incluye el subsuelo, espacio marítimo y aéreo de un Estado.

Gobierno: Es la función de dirección de los asuntos públicos y determinar la orientación política de un Estado.

13.3. División de poderes y las funciones del Estado.

Montesquieu, en su obra "El espíritu de las leyes", desarrolla un estudio detallado de las formas de gobierno de los diferentes Estados, y establece una tesis sobre la división de los poderes, ejecutiva, legislativa y judicial, que predomina en la actualidad en los estados modernos.

La finalidad principal de la división de poderes del Estado, es la prevención del abuso de poder, y garantizar la libertad individual.

Las funciones del Estado son los medios o formas diversas que adopta el derecho para realizar los fines del Estado. Las funciones del Estado tienen un fundamento lógico y jurídico. Por medio de los fines se reconocen los pasos para alcanzar una meta, y gracias a esta se consagran procedimientos de la legislación que necesitan para su realización.

La doctrina reconoce tres actividades esenciales del Estado para lograr sus metas, que nacen del principio constitucional de condiciono de poderes.

Función Legislativa.

Es la función encaminada a establecer las normas jurídicas generales. El Estado moderno es el creador del orden jurídico nacional. Otorga al el Presidente de la República, los Diputados y Senadores del Congreso de la Unión y Las legislaturas de los Estados, la facultad exclusiva de crear elementos del tipo normativo, modificarlos o derogarlos   según   sea   necesario.

Función Administrativa.

Tiene como objetivo regular la actividad concreta y tutelar el Estado, bajo el orden jurídico. La ley debe ser ejecutada particularizando su aplicación. En sentido moderno el Estado es el promotor del desarrollo económico y social de un país.

 Es la función principal del Poder Ejecutivo que se encuentra a cargo del presidente de la Nación dentro de la cual está la función administrativa. La doctrina se divide al considerar que esta función la realiza únicamente el ejecutivo, mientras que otros sostienen que es realizada por los otros poderes, ya sea indirectamente o en menor medida que el poder ejecutivo.

Al Poder Administrativo además de la función administrativa, le corresponden otras actividades por ejemplo la facultad reglamentaria, que en un acto de naturaleza legislativa; las controversias en material fiscal, agraria, obrera, que son actos materialmente jurisdiccionales.

Función Jurisdiccional.

Es la actividad del Estado encaminada a resolver las controversias, estatuir o declarar el derecho. La superioridad del Poder Judicial en la sociedad moderna, lo coloca como el órgano orientador de la vida jurídica nacional.

Emana de la soberanía del Estado, para resolver, a través de instituciones, los problemas que se susciten entre los ciudadanos, y vigilar la interacción entre estos y el estado, con el objetivo de tutelar el orden jurídico.

El Poder Judicial además de ejercer la función jurisdiccional realiza otros actos no propiamente de esa naturaleza, por ejemplo el nombramiento de su personal que es un acto administrativo.

13.4 Forma de Estado

Es el modo en que se organiza el territorio de un Estado. Puede ser simple o compuesta:

Estado Simple o unitario: Es aquel en el que la soberanía se ejercita directamente sobre un mismo pueblo, que se encuentra en un mismo territorio. Son únicos los poderes para todo el estado.

Estado compuesto, complejo o Federal o Confederado: Es el formado de una o de otra manera por la unión de dos o más Estados. Constituido por otros estados o que comprende dentro de sí, como elementos.

13.7 Forma de Gobierno

Son distintos sistemas fundamentales de la organización, social o económica del Estado.

Los filósofos políticos han planteado diversas categorías para las formas de gobierno de los estados, que son las siguientes:

Clasificación del gobierno según Platón

Aristocracia: Gobierno de los filósofos.

Oligarquía: Cuando los propietarios asumen el poder político.

Democracia: Es el gobierno de las masas.

Clasificación del gobierno según Aristóteles

Formas puras o perfectas: La monarquía, la aristocracia y la democracia.

Formas impuras o degeneradas: La tiranía, la oligarquía y la demagogia.

Clasificación de las formas de gobierno según Polibio

El historiador griego Polibio plantea la existencia de un gobierno mixto, es decir, una división del poder entre el pueblo y el monarca.

Clasificación del Gobierno según Tomás de Aquino

El filósofo Tomás de Aquino considera que el gobierno debe estar liderado por un monarca, guiado por la ley de la virtud. Además, alude a regímenes encabezados por un Rey, un grupo de aristócratas y por el pueblo, pero amenazados por la sedición y las tiranías.

Clasificación de las formas de gobierno según Nicolás Maquiavelo

Para Maquiavelo, los estados o son repúblicas o son principados.

Clasificación de las formas de gobierno según el Barón de Montesquieu

En su obra "El espíritu de las leyes", señala tres formas se gobierno:

República: Es aquel en que el pueblo, o sólo parte de él, ejerce la potestad soberana.

Monarquía: Es aquel en que gobierna uno solo, pero con arreglo a leyes fijas y establecidas.

Despotismo: Es aquel en que uno solo, sin ley ni regla, lo dirige todo a voluntad y capricho.[46]

---

[46] Juárez Janapa, Francisco Javier. Teoría general del Estado. 2012. ISBN 978-607-733-1094.

13.8 Organización del Estado en la República Dominicana

La forma de gobierno del Estado dominicano es civil, republicana y representativa. Establece la división de poderes en legislativo, ejecutivo y judicial. Estos poderes son independientes en el ejercicio de sus funciones. Sus encargados son responsables y no pueden delegar sus atribuciones, las cuales son únicamente las determinadas por la Constitución y las leyes.

La función del Estado es la protección efectiva de los derechos de la persona, el respeto de su dignidad y la obtención de los medios que le permitan perfeccionarse de forma igualitaria, equitativa y progresiva, dentro de un marco de libertad individual y de justicia social, compatibles con el orden público, el bienestar general y los derechos de todos.

13.8.1 El poder legislativo

El Poder Legislativo se ejerce por el Congreso Nacional, conformado por el Senado de la República y la Cámara de Diputados.

Forma de elección de los legisladores

La elección de senadores y diputados se hará por sufragio universal directo en los términos que establezca la ley.

Cuando por cualquier motivo ocurran vacantes de senadores o diputados, la cámara correspondiente escogerá su sustituto de la terna que le presente el organismo superior del partido que lo postuló;

La terna será sometida a la cámara donde se haya producido la vacante dentro de los treinta días siguientes a su ocurrencia, si estuviere reunido el Congreso y, en caso de no estarlo, dentro de los primeros treinta días de su reunión. Transcurrido el plazo señalado sin que el organismo competente del partido someta la terna, la cámara correspondiente hará la elección;

Los cargos de senador y diputado son incompatibles con otra función o empleo público, salvo la labor docente. La ley regula el régimen de otras incompatibilidades

El Senado

El Senado se compone de miembros elegidos a razón de uno por cada provincia y uno por el Distrito Nacional, cuyo ejercicio durará cuatro años.

Atribuciones del Senado

Son atribuciones exclusivas del Senado:

1) Conocer de las acusaciones formuladas por la Cámara de Diputados contra las y los funcionarios públicos. La declaración de culpabilidad deja a la persona destituida de su cargo, y no podrá desempeñar ninguna función pública, sea o no de elección popular, por el término de diez años. La persona destituida quedará sujeta, si hubiere lugar, a ser acusada y juzgada por ante los tribunales ordinarios, con arreglo a la ley. Esta decisión se adoptará con el voto de las dos terceras partes de la matrícula;

2) Aprobar o desaprobar los nombramientos de embajadores y jefes de misiones permanentes acreditados en el exterior que le someta el Presidente de la República;

3) Elegir los miembros de la Cámara de Cuentas de las ternas presentadas por la Cámara de Diputados, con el voto de las dos terceras partes de los senadores presentes;

4) Elegir los miembros de la Junta Central Electoral y sus suplentes, con el voto de las dos terceras partes de los presentes;

5) Elegir al Defensor del Pueblo, sus suplentes y sus adjuntos, a partir de las ternas que le presente la Cámara de Diputados, con el voto de las dos terceras partes de los presentes;

6) Autorizar, previa solicitud del Presidente de la República, en ausencia de convenio que lo permita, la presencia de tropas extranjeras en ejercicios militares en el territorio de la República, así como determinar el tiempo y las condiciones de su estadía;

7) Aprobar o desaprobar el envío al extranjero de tropas en misiones de paz, autorizadas por organismos internacionales, fijando las condiciones y duración de dicha misión.

Cámara de Diputados

La Cámara de Diputados estará compuesta de la siguiente manera:

1) Ciento setenta y ocho diputadas o diputados elegidos por circunscripción territorial en representación del Distrito Nacional y las provincias, distribuidos en proporción a la densidad poblacional, sin que en ningún caso sean menos de dos los representantes por cada provincia;

2) Cinco diputadas o diputados elegidos a nivel nacional por acumulación de votos, preferentemente de partidos, alianzas o coaliciones que no hubiesen obtenido escaños

y hayan alcanzado no menos de un uno por ciento (1%) de los votos válidos emitidos. La ley determinará su distribución;

3) Siete diputadas o diputados elegidos en representación de la comunidad dominicana en el exterior. La ley determinará su forma de elección y distribución.

Atribuciones de la Cámara de Diputados

Son atribuciones de la Cámara de Diputados:

1) Acusar ante el Senado a las y los funcionarios públicos elegidos por voto popular, a los elegidos por el Senado y por el Consejo Nacional de la Magistratura, por la comisión de faltas graves en el ejercicio de sus funciones. La acusación sólo podrá formularse con el voto favorable de las dos terceras partes de la matrícula. Cuando se trate del Presidente y el Vicepresidente de la
República, se requerirá el voto favorable de las tres cuartas partes de la matrícula. La persona acusada quedará suspendida en sus funciones desde el momento en que la Cámara declare que ha lugar la acusación;

2) Someter al Senado las ternas para la elección de los miembros de la Cámara de Cuentas con el voto favorable de las dos terceras partes de los presentes;

3) Someter al Senado las ternas del Defensor del Pueblo, sus suplentes, que no podrán ser más de dos, y los adjuntos, que no podrán ser más de cinco, con el voto favorable de las dos terceras partes de los presentes.

Atribuciones del Congreso

Las atribuciones del Congreso Nacional se clasifican en legislativas, y de fiscalización.

Atribuciones en materia legislativa

1) Establecer los impuestos, tributos o contribuciones generales y determinar el modo de su recaudación e inversión;

2) Conocer de las observaciones que el Poder Ejecutivo haga a las leyes;

3) Disponer todo lo concerniente a la conservación de monumentos y al patrimonio histórico, cultural y artístico;

4) Crear, modificar o suprimir regiones, provincias, municipios, distritos municipales, secciones y parajes y determinar todo lo concerniente a sus límites y organización, por el procedimiento regulado en esta Constitución y previo estudio que demuestre la conveniencia política, social y económica justificativa de la modificación;

5) Autorizar al Presidente de la República a declarar los estados de excepción a que se refiere esta Constitución;

6) En caso de que la soberanía nacional se encuentre expuesta a un peligro grave e inminente, el Congreso podrá declarar que existe un estado de defensa nacional, suspendiendo el ejercicio de los derechos individuales, con excepción de los derechos establecidos en el artículo 263. Si no estuviera reunido el Congreso, el Presidente de la República podrá dictar la misma disposición, lo que conllevará una convocatoria inmediata del mismo para ser informado de los acontecimientos y de las disposiciones tomadas;

7) Establecer las normas relativas a la migración y el régimen de extranjería;

8) Aumentar o reducir el número de las cortes de apelación y crear o suprimir tribunales y disponer todo lo relativo a su organización y competencia, previa consulta a la Suprema Corte de Justicia;

9) Votar anualmente la Ley de Presupuesto General del Estado, así como aprobar o rechazar los gastos extraordinarios para los cuales solicite un crédito el Poder Ejecutivo;

10) Legislar cuanto concierne a la deuda pública y aprobar o desaprobar los créditos y préstamos firmados por el Poder Ejecutivo, de conformidad con esta Constitución y las leyes;

11) Aprobar o desaprobar los contratos que le someta el Presidente de la República, de conformidad con lo que dispone el artículo 128, numeral 2), literal d), así como las enmiendas o modificaciones posteriores que alteren las condiciones originalmente establecidas en dichos contratos al momento de su sanción legislativa;

12) Aprobar o desaprobar los tratados y convenciones internacionales que suscriba el Poder Ejecutivo;

13) Declarar por ley la necesidad de la Reforma Constitucional;

14) Conceder honores a ciudadanas y ciudadanos distinguidos que hayan prestado reconocidos servicios a la patria o a la humanidad;

15) Conceder autorización al Presidente de la República para salir al extranjero cuando sea por más de quince días;

16) Decidir el traslado de la sede de las cámaras legislativas por causa de fuerza mayor o por otras circunstancias debidamente motivadas;

17) Conceder amnistía por causas políticas;

18) Legislar acerca de toda materia que no sea de la competencia de otro poder del Estado y que no sea contraria a la Constitución;

19) Pronunciarse a través de resoluciones acerca de los problemas o las situaciones de orden nacional o internacional que sean de interés para la República;

Atribuciones en materia de fiscalización y control

1) Aprobar o rechazar el estado de recaudación e inversión de las rentas que debe presentarle el Poder Ejecutivo durante la primera legislatura ordinaria de cada año, tomando como base el informe de la Cámara de Cuentas;

2)Velar por la conservación y fructificación de los bienes nacionales en beneficio de la sociedad y aprobar o rechazar la enajenación de los bienes de dominio privado de la Nación, excepto lo que dispone el artículo 128, numeral 2, literal d);

3) Citar a ministros, viceministros, directores o administradores de organismos autónomos y descentralizados del Estado ante las comisiones permanentes del Congreso, para edificarlas sobre la ejecución presupuestaria y los actos de su administración;

4) Examinar anualmente todos los actos del Poder Ejecutivo y aprobarlos, si son ajustados a la Constitución y a las leyes;

e) Nombrar comisiones permanentes y especiales, a instancia de sus miembros, para que investiguen cualquier asunto que resulte de interés público, y rindan el informe correspondiente;

6) Supervisar todas las políticas públicas que implemente el gobierno y sus instituciones autónomas y descentralizadas, sin importar su naturaleza y alcance.

13.8.2 Poder Ejecutivo

Es ejercido por el Presidente de la República, y tiene condición de Jefe de Estado y Jefe de Gobierno. Es el encargado de dirigir la política interior y exterior, la administración civil y militar, y es la autoridad suprema de las Fuerzas Armadas, la Policía Nacional y los demás cuerpos de seguridad del Estado.

Atribuciones del Poder Ejecutivo en condición de Jefe de Estado

1) Presidir los actos solemnes de la Nación;

2) Promulgar y hacer publicar las leyes y resoluciones del Congreso Nacional y cuidar de su fiel ejecución. Expedir decretos, reglamentos e instrucciones cuando fuere necesario;

3) Nombrar o destituir los integrantes de las jurisdicciones militar y policial;

4) Celebrar y firmar tratados o convenciones internacionales y someterlos a la aprobación del Congreso Nacional, sin la cual no tendrán validez ni obligarán a la República;

5) Disponer, con arreglo a la ley, cuanto concierna a las Fuerzas Armadas y a la Policía Nacional, mandarlas por sí mismo, o a través del ministerio correspondiente, conservando siempre su mando supremo. Fijar el contingente de las mismas y disponer de ellas para fines del servicio público;

6) Tomar las medidas necesarias para proveer y garantizar la legítima defensa de la Nación, en caso de ataque armado actual o inminente por parte de nación extranjera o poderes externos, debiendo informar al Congreso Nacional sobre las disposiciones adoptadas y solicitar la declaratoria de Estado de Defensa si fuere procedente;

7) Declarar, si no se encontrare reunido el Congreso Nacional, los estados de excepción de conformidad con las disposiciones previstas en los artículos 262 al 266 de esta Constitución;

8) Adoptar las medidas provisionales de policía y seguridad necesarias en caso de violación de las disposiciones del artículo 62, numeral 6 de esta Constitución que perturben o amenacen el orden público, la seguridad del Estado, el funcionamiento regular de los servicios públicos o de utilidad pública, o impidan el desenvolvimiento de las actividades económicas y que no constituyan los hechos previstos en los artículos 262 al 266 de esta Constitución;

9) Disponer, con arreglo a la ley, todo lo relativo a las zonas aéreas, marítimas, fluviales, terrestres, militares, y policiales en materia de seguridad nacional, con los estudios previos realizados por los ministerios y sus dependencias administrativas;

10) Conceder indultos los días 27 de febrero, 16 de agosto y 23 de diciembre de cada año, de conformidad con la ley y las convenciones internacionales;

11) Hacer arrestar o expulsar, conforme a la ley, a los extranjeros cuyas actividades fueren o pudieren ser perjudiciales al orden público o la seguridad nacional;

12) Prohibir, cuando resulte conveniente al interés público, la entrada de extranjeros al territorio nacional.

Atribuciones del Poder Ejecutivo en condición de Jefe de Gobierno

1) Nombrar los ministros y viceministros y demás funcionarios públicos que ocupen cargos de libre nombramiento o cuya designación no se atribuya a ningún otro organismo del Estado reconocido por esta Constitución o por las leyes, así como aceptarles su renuncia y removerlos;

2) Designar los y las titulares de los órganos y organismos autónomos y descentralizados del Estado, así como aceptarles su renuncia y removerlos, de conformidad con la ley;

3) Cambiar el lugar de su residencia oficial cuando lo juzgue necesario;

4) Celebrar contratos, sometiéndolos a la aprobación del Congreso Nacional cuando contengan disposiciones relativas a la afectación de las rentas nacionales, a la enajenación de bienes del Estado, al levantamiento de empréstitos o cuando estipulen exenciones de impuestos en general, de acuerdo con la Constitución. El monto máximo para que dichos contratos y exenciones puedan ser suscritos por el Presidente de la República sin aprobación congresual, será de doscientos salarios mínimos del sector público;

5) Velar por la buena recaudación y fiel inversión de las rentas nacionales;

6) Depositar ante el Congreso Nacional, al iniciarse la primera legislatura ordinaria el 27 de febrero de cada año, las memorias de los ministerios y rendir cuenta de su administración del año anterior;

7) Someter al Congreso Nacional, a más tardar el primero de octubre de cada año, el Proyecto de Ley de Presupuesto General del Estado para el año siguiente.

Atribuciones como Jefe de Estado y Gobierno

1) Designar, con la aprobación del Senado de la República, los embajadores acreditados en el exterior y los jefes de misiones permanentes ante organismos internacionales, así como nombrar los demás miembros del cuerpo diplomático, de conformidad con la Ley de Servicio Exterior, aceptarles su renuncia y removerlos;

2) Dirigir las negociaciones diplomáticas y recibir a los Jefes de Estado extranjeros y a sus representantes;

3) Conceder o no autorización a los ciudadanos dominicanos para que puedan ejercer cargos o funciones públicas de un gobierno u organizaciones internacionales en territorio dominicano, y para que puedan aceptar y usar condecoraciones y títulos otorgados por gobiernos extranjeros;

4) Autorizar o no a los ayuntamientos a enajenar inmuebles y aprobar o no los contratos que hagan, cuando constituyan en garantía inmuebles o rentas municipales;

5) Las demás atribuciones previstas en la Constitución y las leyes.

13.8.3 El Poder Judicial

Este poder se ejerce por la Suprema Corte de Justicia y los demás tribunales creados por la Constitución y las leyes.

La función judicial consiste en administrar justicia para decidir sobre los conflictos entre personas físicas o morales, en derecho privado o público, en todo tipo de procesos, juzgando y haciendo ejecutar lo juzgado. Su ejercicio corresponde a los tribunales y juzgados determinados por la ley. El Poder Judicial goza de autonomía funcional, administrativa y presupuestaria.[47]

CAPÍTULO 14
ORGANIZACIÓN DEL SISTEMA JUDICIAL DOMINICANO

---

[47] Constitución Dominicana;

El sistema judicial dominicano está conformado por el Poder Judicial y las instituciones creadas por la Constitución con el objetivo de administrar justicia y la defensa de los derechos de los ciudadanos. Está integrado por las siguientes entidades:

De forma directa: Tribunales de la República y el Ministerio público;
De forma indirecta: Oficina Nacional de Defensa Pública y Defensoría del Pueblo.

Principios del sistema judicial dominicano

La Constitución dispone que el sistema judicial se rija bajo los principios siguientes:

Autonomía: Los órganos del sistema judicial gozan de autonomía funcional, administrativa y presupuestaria.

Gratuidad: Según el artículo 149, la justicia se administra gratuitamente, en nombre de la República.

Recurribilidad: Toda decisión emanada de un tribunal podrá ser recurrida ante un tribunal superior, sujeto a las condiciones y excepciones que establezcan las leyes.

14.1 Tribunales de la República

Son los encargados de la administración de justicia. Estos se clasifican en ordinarios y especializados.

14.1.1 Tribunales ordinarios

Son aquellos que deciden sobre los conflictos de derecho público y privado en materia común. Son la Suprema Corte de Justicia, las Cortes de Apelación, los Juzgados de Primera Instancia y los Juzgados de Paz.

Suprema Corte de Justicia

Es el órgano jurisdiccional superior de todos los organismos judiciales. Estará integrada por no menos de dieciséis jueces y podrá reunirse, deliberar y fallar válidamente con el quórum determinado por la ley que establece su organización.

La Suprema Corte de Justicia, está integrada por diecisiete (17) Jueces, designados por el Consejo Nacional de la Magistratura, incluyendo uno sin facultades jurisdiccionales en virtud a su escogencia como miembro del Consejo del Poder Judicial, según el artículo 5 de Ley Núm. 28-11, quienes deberán reunir las condiciones y requisitos que establece la Constitución de la República.

Son designados por el Consejo Nacional de la Magistratura y estarán sujetos a la evaluación de su desempeño al término de siete años a partir de su elección por éste; podrán ser elegidos por un nuevo período. En los casos en que el Consejo Nacional de la Magistratura decidiere la pertinencia de separar un juez de su cargo, deberá sustentar su decisión en los motivos contenidos en la ley que rige la materia.

En la Suprema Corte de Justicia funcionan seis (6) órganos Jurisdiccionales que son:

El Pleno: Está conformado por todos los jueces y es el órgano de mayor jerarquía. Las decisiones se toman por mayoría de votos y en caso de empate, el voto del Presidente será decisorio.

Primera Sala: Tendrá competencia para conocer y fallar los recursos de casación que se interpongan por primera vez, en materia Civil y Comercial;

Segunda Sala: Será competente para conocer y fallar los recursos de apelación en materia penal, atribuidos a la Suprema Corte de Justicia, siempre que no sean de los que conoce esta última como jurisdicción privilegiada. Asimismo, será competente para conocer y fallar los recursos de casación que se interpongan por primera vez en materia penal.

Tercera Sala: Será competente para conocer y fallar los recursos de casación que se interpongan por primera vez, en materia de tierras, laboral, contencioso-administrativo y contencioso-tributario.

Salas Reunidas: Está compuesta por las tres salas de la Suprema Corte de Justicia, y es el órgano competente para conocer del segundo recurso de casación, con motivo de un envío realizado por cualquiera de las salas.

Presidente de la Suprema Corte de Justicia: dentro de las atribuciones conferidas al presidente, especialmente las que se encuentran vinculadas con los apoderamientos de los expedientes jurisdiccionales se puede destacar: dictar autos de emplazamientos, cursar los expedientes según la materia a la sala correspondiente y fijar audiencia en las diferentes materias cuando el conocimiento del asunto sea competencia del Pleno.

Atribuciones de la Suprema Corte de Justicia

Las atribuciones de la Suprema Corte de Justicia son:

1) Conocer en única instancia de las causas penales seguidas al Presidente y al Vicepresidente de la República; a senadores, diputados; jueces de la Suprema Corte de Justicia, del Tribunal Constitucional; ministros y viceministros; Procurador General de la República, jueces y procuradores generales de las cortes de apelación o equivalentes; jueces de los tribunales superiores de tierras, de los tribunales superiores administrativos y del Tribunal Superior Electoral; al Defensor del Pueblo; a miembros del Cuerpo Diplomático y jefes de misiones acreditados en el exterior; miembros de la Junta Central Electoral, de la Cámara de Cuentas y de la Junta Monetaria;

2) Conocer de los recursos de casación de conformidad con la ley;

3) Conocer, en último recurso, de las causas cuyo conocimiento en primera instancia sea competencia de las cortes de apelación y sus equivalentes;

4) Designar, de conformidad con la Ley de Carrera Judicial, los jueces de las cortes de apelación o sus equivalentes, de los juzgados de primera instancia o sus equivalentes, los jueces de la instrucción, los jueces de paz y sus suplentes, los jueces de cualesquier otros tribunales del Poder Judicial creados por la Constitución y las leyes.

Cortes de Apelación

Las Cortes de Apelación conocen, de las apelaciones a las sentencias, de conformidad con la ley; en primera instancia de las causas penales seguidas a jueces de primera instancia o sus equivalentes; procuradores fiscales, titulares de órganos y organismos autónomos y descentralizados del Estado, gobernadores provinciales, alcaldes del Distrito Nacional y de los municipios; y, de los demás asuntos que determinen las leyes.

Cada Corte de Apelación y sus equivalentes como unidad jurisdiccional está compuesta por cinco (5) jueces, un Presidente, un Primer Sustituto de Presidente, un Segundo Sustituto de Presidente y dos miembros, con excepción de las Cortes de Niños, Niñas y Adolescentes que están compuestas por tres (3) jueces como mínimo, el Tribunal Superior Administrativo que estará integrado por no menos de 3 magistrados y el Tribunal Superior de Tierras compuesto por no menos de cinco (5) jueces.

Las Cortes de Apelación o Tribunales de Segundo grado, están estructuradas de la siguiente forma:

Cortes de Apelación Ordinarias: conocen en segundo grado los asuntos en materia penal, civil y comercial, de conformidad con la competencia que les da la ley. La Cámara Civil y Comercial de la Corte de Apelación Ordinaria tiene competencia para conocer las apelaciones de los asuntos de trabajo y /o de niños, niñas y adolescentes en los Departamentos Judiciales donde no existen Cortes Especializadas en estas materias. Cuando se trata de asuntos penales de niños, niñas y adolescentes, la conocerá la Cámara Penal de la Corte de Apelación Ordinaria.

Cortes de Trabajo: Conoce de las apelaciones de las sentencias pronunciadas en primer grado por los juzgados de trabajo y en única instancia, las demandas relativas a la calificación de las huelgas y los paros, así como de las formalidades previstas en el por el Código de Trabajo para el despido de los trabajadores protegidos por el fuero sindical.

Cortes de Niños, Niñas y Adolescentes. Conocen de los recursos de apelación de las decisiones de la sala civil y la sala penal del Tribunal de Primera Instancia de Niños, Niñas y Adolescentes; incidentes que se promueven durante la substanciación de los procesos en los Tribunales de Niños, Niñas y Adolescentes; de las quejas por demora procesal o denegación de justicia de los Tribunales de Niños, Niñas y Adolescentes; homologación del Consejo de Familia; recusaciones o inhibiciones de los jueces de Tribunal de Niños, Niñas y Adolescentes; recurso de apelación respecto de las decisiones del Tribunal de Ejecución de la Sanción; así como cualquier otra atribución o competencia asignada por ley.

Tribunales Superiores de Tierras. Conocen en segunda instancia de todas las apelaciones que se interpongan contra las decisiones emanadas de los tribunales de jurisdicción original bajo su jurisdicción, así como también en última instancia de las acciones que le son conferidas expresamente por la ley.

Tribunal Superior Administrativo. Son atribuciones del Tribunal Superior Administrativo, sin perjuicio de las demás dispuestas por la ley, las siguientes: conocer de los recursos contra las decisiones en asuntos administrativos, tributarios, financieros y municipales de cualquier tribunal contencioso administrativo de primera instancia, o que en esencia tenga ese carácter; conocer de los recursos contenciosos contra los actos, actuaciones y disposiciones de autoridades administrativas contrarias al Derecho como consecuencia de las relaciones entre la Administración del Estado y los particulares, si éstos no son conocidos por los tribunales contencioso administrativos de primera instancia; conocer y resolver en primera instancia o en apelación, de conformidad con la ley, las acciones contencioso administrativas que nazcan de los conflictos surgidos entre la Administración Pública y sus funcionarios y empleados civiles; así como las demás atribuciones conferidas por la ley.

Juzgados de Primera Instancia

Conocen en primer grado de todas las materias que no les sean atribuidas por ley a otro tribunal y los demás asuntos que les atribuye de manera expresa la Ley. Habrá los Juzgados de Primera Instancia o sus equivalentes con el número de jueces y la competencia territorial que determine la ley.

Los Juzgados de Primera Instancia están organizados de la siguiente forma:

Juzgados de Primera Instancia Ordinarios divididos en cámara o salas. Estos órganos jurisdiccionales tienen como atribución principal conocer de los asuntos penales, civiles y comerciales según corresponda, en los términos señalados por la ley.

Juzgados de Primera Instancia con plenitud de jurisdicción: Conocen de los asuntos en materia penal, civil, comercial, laboral, niños, niñas y adolescentes, de conformidad con la competencia que les da la ley.

Tribunales de Primera Instancia Especializados. Su propia denominación señala que conocerán de un determinado asunto, siendo los siguientes:

Tribunales de Niños, Niñas y Adolescentes. Conocen de los procesos judiciales en materia penal en asuntos de familia y protección, referentes a niños, niñas y adolescentes, y excepcionalmente de toda otra materia que se les atribuya. Estarán compuestos por una sala civil y una sala penal, que funcionarán con independencia una de otra, en sus respectivas competencias.

Juzgados de Trabajo. Conocen como tribunal de primer grado las demandas en materia laboral de conformidad con el artículo 480 del Código de Trabajo.

Tribunales de Tierras de Jurisdicción Original. Son tribunales unipersonales que constituyen el primer grado de la jurisdicción inmobiliaria, conocen en primera instancia de todas las acciones ante la jurisdicción inmobiliaria, mediante el apoderamiento directo por parte del interesado y de acuerdo a su delimitación territorial. Su competencia territorial se determina por la ubicación física del inmueble.

Jueces de Ejecución de la Pena. Tienen a su cargo el control del cumplimiento adecuado de las sentencias condenatorias y resuelve todas las cuestiones que se suscitan durante la ejecución de las sentencias. También controla el cumplimiento de las condiciones impuestas en la suspensión condicional del procedimiento, según los informes recibidos, y, en su caso los transmite al Juez competente para su revocación o extinción de la acción penal, conforme lo dispuesto en el Código Procesal Penal.

Juzgados de la Instrucción. Tienen a su cargo el control del cumplimiento adecuado de las sentencias condenatorias y resuelve todas las cuestiones que se suscitan durante la ejecución de las sentencias. También controla el cumplimiento de las condiciones impuestas en la suspensión condicional del procedimiento, según los informes recibidos, y, en su caso los transmite al Juez competente para su revocación o extinción de la acción penal, conforme lo dispuesto en el Código Procesal Penal.

Tribunal de Control de las Sanciones de la Persona Adolescente. Tienen la competencia jurisdiccional de resolver todas las cuestiones en las que la ley requiera la intervención de un juez durante el procedimiento preparatorio, dirigir la audiencia preliminar, dictar las resoluciones pertinentes y dictar sentencia conforme a las reglas del procedimiento abreviado.

Juzgados de Paz

Son tribunales unipersonales y en la pirámide de la estructura judicial son los órganos jurisdiccionales de menor jerarquía. La Ley determinará el número de Juzgados de Paz y sus equivalentes, sus atribuciones, competencia territorial y la forma en que estarán organizados.

Los Juzgados de Paz se estructuran de la siguiente forma:

Juzgados de paz ordinarios: Conocen de las pensiones alimentarias; y de las acciones puramente personales o mobiliarias, en única instancia, en materia civil y comercial hasta la suma de tres mil pesos (RD$3,000) y con cargo a apelación hasta el valor de veinte mil pesos (RD$20,000). En los municipios donde no existan estos tribunales, los juzgados de paz especializados son los competentes para conocer el asunto de estos tribunales.

Juzgados especiales de tránsito: Son competentes para conocer de las infracciones por violación a la Ley de Tránsito.

Juzgados de paz para asuntos municipales: Conocen de todas las infracciones de las leyes, ordenanzas, reglamentos y resoluciones municipales.

14.1.2 Tribunales especializados.

Son los creados por la Constitución para dirimir controversias en materias específicas. Estos son el Tribunal Constitucional y el Tribunal Electoral

Tribunal Constitucional

Este tribunal tiene la finalidad de garantizar la supremacía de la Constitución, la defensa del orden constitucional y la protección de los derechos fundamentales. Sus decisiones son definitivas e irrevocables y constituyen precedentes vinculantes para los poderes públicos y todos los órganos del Estado. Goza de autonomía administrativa y presupuestaria.

Está integrado por trece miembros y sus decisiones se adoptan con una mayoría calificada de nueve o más de sus miembros. Los jueces que hayan emitido un voto disidente podrán hacer valer sus motivaciones en la decisión adoptada

Atribuciones del Tribunal Constitucional

El Tribunal Constitucional será competente para conocer en única instancia:

1) Las acciones directas de inconstitucionalidad contra las leyes, decretos, reglamentos, resoluciones y ordenanzas, a instancia del Presidente de la República, de una tercera parte de los miembros del Senado o de la Cámara de Diputados y de cualquier persona con interés legítimo y jurídicamente protegido;

2) El control preventivo de los tratados internacionales antes de su ratificación por el órgano legislativo;

3) Los conflictos de competencia entre los poderes públicos, a instancia de uno de sus titulares;

4) Cualquier otra materia que disponga la ley.

Tribunal Superior Electoral

Es el órgano competente para juzgar y decidir con carácter definitivo sobre los asuntos contenciosos electorales y estatuir sobre los diferendos que surjan a lo interno de los partidos, agrupaciones y movimientos políticos o entre éstos. Reglamenta, de conformidad con la ley, los procedimientos de su competencia y todo lo relativo a su organización y funcionamiento administrativo y financiero.

Está integrado por no menos de tres y no más de cinco jueces electorales y sus suplentes, designados por un período de cuatro años por el Consejo Nacional de la Magistratura, quien indicará cuál de entre ellos ocupará la presidencia.

Atribuciones del Tribunal Superior Electoral

El Tribunal Superior Electoral tiene las siguientes atribuciones en instancia única:

1) Conocer de los recursos de apelación a las decisiones adoptadas por las Juntas Electorales, conforme lo dispuesto por la presente ley.

2) Conocer de los conflictos internos que se produjeren en los partidos y organizaciones políticas reconocidos o entre éstos, sobre la base de apoderamiento por una o más partes involucradas y siempre circunscribiendo su intervención a los casos en los cuales se violen disposiciones de la Constitución, la ley, los reglamentos o los estatutos partidarios.

3) Conocer de las impugnaciones y recusaciones de los miembros de las Juntas Electorales, de conformidad con lo que dispone la Ley Electoral.

4) Decidir respecto de los recursos de revisión contra sus propias decisiones cuando concurran las condiciones establecidas por el derecho común.

5) Ordenar la celebración de nuevas elecciones cuando hubieren sido anuladas, las que se hayan celebrado en determinados colegios electorales, siempre que la votación en éstos sea susceptible de afectar el resultado de la elección.

6) Conocer de las rectificaciones de las actas del Estado Civil que tengan un carácter judicial, de conformidad con las leyes vigentes. Las acciones de rectificación serán tramitadas a través de las Juntas Electorales de cada municipio y el Distrito Nacional.

7) Conocer de los conflictos surgidos a raíz de la celebración de plebiscitos y referéndums.[48]

14.2 Ministerio público

El Ministerio Público es el órgano del sistema de justicia responsable de la formulación e implementación de la política del Estado contra la criminalidad, dirige la investigación penal y ejerce la acción pública en representación de la sociedad.

En el ejercicio de sus funciones, el Ministerio Público garantiza los derechos fundamentales que asisten a ciudadanos y ciudadanas, promoverá la resolución alternativa de disputas, dispondrá la protección de víctimas y testigos y defenderá el interés público tutelado por la ley.

Atribuciones del Ministerio Público

Al Ministerio Público le corresponde el ejercicio exclusivo de la acción penal pública, sin perjuicio de la participación de la víctima o de los ciudadanos en el proceso. Tiene las atribuciones de:

1) Investigar los hechos punibles de la acción pública;

2) Representar y defender el interés público con respecto a todas las infracciones y asuntos que se requieran conforme a la ley;

3) Velar por la observación de la Constitución, las leyes y las libertades públicas fundamentales en todo el territorio nacional, procurando su respeto y proveyendo la celeridad y la buena marcha de la administración de justicia en los procesos en que estén comprometidos o afectados el orden público y las buenas costumbres;

4) Garantizar el efectivo cumplimiento de las normas del debido proceso legal, protegiendo y respetando la dignidad humana, sin discriminación alguna;

[48] Ley No. 29-11, de fecha 20/01/2011, que crea la Ley Orgánica del Tribunal Superior Electoral;

5) Ejercer la dirección funcional y coordinar las investigaciones de los hechos delictivos por parte de la Policía Judicial y de cualquier otro cuerpo de seguridad del Estado y supervisar la legalidad de sus actuaciones;

6) Ejercer, para estos fines, la facultad de habilitar a los oficiales de la Policía Judicial para desempeñar esta función o de retirarles esta calidad;

7) Poner en movimiento y ejercer la acción pública en los casos que corresponda;

8) Apoderar directamente al tribunal para el conocimiento del fondo de las diferentes infracciones de acuerdo con sus respectivas competencias. Igualmente, apoderar al juez de instrucción que tendrá a su cargo instruir la sumaria correspondiente;

9) Custodiar y conservar, sin menoscabo alguno, todos los objetos e instrumentos, armas de fuego o de cualquier naturaleza, equipos, bienes muebles e inmuebles en general, dinero en moneda nacional o extranjera, documentos, títulos de propiedad o de cualquier otra clase; en fin, todos los activos calificados como cuerpo de delito que hayan sido ocupados como consecuencia de la investigación y que así figuren en la documentación y en el expediente correspondiente; De tal obligación son responsables, penal y civilmente, en forma concurrente, los miembros del Ministerio Público, de la Policía Judicial o cualesquiera otras autoridades que hayan intervenido en las pesquisas y que tengan bajo su custodia los objetos constitutivos de los cuerpos de delito señalados; Quedan únicamente exceptuadas de las anteriores disposiciones las drogas y sustancias controladas, cuya custodia debe ser mantenida en la forma que establecen las leyes;

10) Adoptar las medidas para proteger las víctimas de las infracciones y a los testigos, cuando fuere necesario, para la seguridad personal de ellos o de sus familiares;

11) Representar los intereses del Estado ante cualquier jurisdicción cuando sea requerido de conformidad con la ley que rige la materia;

12) Adoptar medidas para proteger los intereses de los menores, los incapaces y los indigentes;

13) Trazar y ejecutar la política carcelaria y penitenciaria, administrar y velar por el buen funcionamiento del sistema penitenciario, procurando el correcto cumplimiento de las leyes y garantizando el respeto de los derechos humanos en esos recintos;

14) Vigilar que en los cuarteles y destacamentos policiales, en los institutos de reeducación para menores y cualesquier otros recintos destinados a la detención de personas sean respetados los derechos humanos, y, de igual manera, vigilar las condiciones en que éstos se encuentren recluidos en los mismos; tomar las medidas legales adecuadas para mantener la vigencia de las prerrogativas inherentes al ser humano cuando se compruebe que han sido menoscabadas o violadas. En el ejercicio de esta atribución, los funcionarios del Ministerio Público tendrán acceso a todos los

establecimientos mencionados. Quienes entorpezcan, en alguna forma, este ejercicio incurrirán en responsabilidad disciplinaria;

15) Garantizar la ejecución de las decisiones judiciales cuando se relacionen con el orden público o las buenas costumbres;

16) Ejercer los recursos contra las decisiones judiciales, cuando fuere de lugar; p) Otorgar a los funcionarios correspondientes el auxilio de la fuerza pública para garantizar la ejecución de las sentencias y decisiones judiciales;

17) Ejercer, a través de los representantes del Ministerio Público especializado, las atribuciones señaladas en las leyes de su creación;

18) Las demás atribuciones que establezcan las leyes.

Composición del Ministerio Público

El Ministerio Público está integrado por los siguientes funcionarios:

1) El Procurador General de la República, quien lo encabeza;

2) Un Primer Procurador General Adjunto;

3) Un Segundo Procurador General Adjunto;

4) Los Procuradores Generales Adjuntos, cuyo número no será menor de siete (7);

5) Los Procuradores Generales ante las Cortes de Apelación;

6) Los Procuradores Adjuntos de Cortes de Apelación, cuyo número no será menor de dos;

7) Los Procuradores Fiscales ante los Juzgados de Primera Instancia;

8) Los Fiscales Adjuntos, cuyo número será determinado por el Procurador General de la República de acuerdo con las necesidades del servicio;

9) Los Fiscalizadores ante los Juzgados de Paz Ordinarios;

10) Los abogados del Estado ante los Tribunales Superiores de Tierras y sus adjuntos;

11) El Procurador General del Medio Ambiente y sus adjuntos;

12) El Procurador General ante el Tribunal Contencioso-Tributario y sus adjuntos;

13) El Procurador General Administrativo ante la Cámara de Cuentas y sus adjuntos;

14) Los Defensores Públicos y de Menores;

15) El Procurador General de Corte Laboral por ante la Corte de Apelación de Trabajo y sus adjuntos;

16) El Procurador Fiscal Laboral ante el Tribunal de Primera Instancia de Trabajo y sus adjuntos;

17) El Fiscalizador ante los Juzgados de Paz Especiales.[49]

14.3 La Oficina Nacional de Defensa Pública

El servicio de Defensa Pública es un órgano del sistema de justicia dotado de autonomía administrativa y funcional, que tiene por finalidad garantizar la tutela efectiva del derecho fundamental a la defensa en las distintas áreas de su competencia.

El servicio de Defensa Pública se ofrece en todo el territorio nacional atendiendo a los criterios de gratuidad, fácil acceso, igualdad, eficiencia y calidad, para las personas imputadas que por cualquier causa no estén asistidas por abogado.

Aunque la Oficina Nacional de Defensa Pública no constituye un auxiliar directo de la justicia, forma parte del sistema judicial dominicano, ya que ejerce funciones de servicio de defensa a los ciudadanos, y esta labor es muy importante para el curso del proceso penal.[50]

14.4 El Defensor del Pueblo

El Defensor del Pueblo es una autoridad independiente en sus funciones y con autonomía administrativa y presupuestaria. Se debe de manera exclusiva al mandato de esta Constitución y las leyes.

La función esencial del Defensor del Pueblo es contribuir a salvaguardar los derechos fundamentales de las personas y los intereses colectivos y difusos establecidos en esta Constitución y las leyes, en caso de que sean violados por funcionarios u órganos del Estado, por prestadores de servicios públicos o particulares que afecten intereses colectivos y difusos. La ley regula lo relativo a su organización y funcionamiento.

---

[49] Ley No. 78-03, de fecha 15/04/2003, que crea el Estatuto del Ministerio Público.
[50] Ley No. 277-04, de fecha 12/08/2004 que crea el Servicio Nacional de Defensa Pública.

BIBLIOGRAFÍA

1. Arias Núñez, Luis. Manual de derecho internacional privado. Tercera edición. República Dominicana. Editora Centenario, S.A. 1996;
2. Aristóteles. Ética a Nicómaco. Sexta edición. México. Editora W.M. Jackson, Inc. 1973;
3. Barp Fontana, Luciano. La ley natural moral según el pensamiento clásico. Revista del Centro de Investigación. Universidad La Salle. 2008, 8 (Julio-Diciembre). ISSN 1405-6690;
4. Beltrano, Olga Beatriz. La ley natural en la doctrina de Francisco Suarez. 2014. ISSN 1893-7596;
5. Bogarín Díaz, Jesús. De nuevo sobre el concepto etimológico de derecho. Universidad de Huelva. 2001;
6. Cabanelas de Torres, Guillermo. Diccionario Jurídico Universitario. Tomo 2. Argentina. Editorial Heliasta, S.R.L. 2004. ISBN 950-885-035-3;
7. Capitant, Henri. Vocabulario Jurídico. Sexta edición. Argentina. Ediciones De Palma. 1977;
8. Castaw, Yolanda. Introducción al método científico y sus etapas. 2014;
9. Cerar, Miro. The relationship between law and politics. Annual Survey of International & Comparative Law. Vol. 15 1, Artículo 3. 2009;
10. Código Civil Dominicano;
11. Constitución Dominicana;
12. Díaz García, Elías. Sociología jurídica y concepción normativa. 1989. ISSN 0048-7694
13. Diccionario de Definiciones Legales. Disponible en https://definicionlegal.blogspot.com/
14. Diccionario de la Real Academia Española. Disponible n http://lema.rae.es/drae2001/srv/search?id=pfzuSEJWQDXX2DA6StnM
15. Diccionario Jurídico Espasa. Madrid. Editorial Espasa Calve. 2001. ISBN 84-239-6666-6.

16. Diccionario Jurídico MX. Consultado en fecha 04/02/2019. Disponible en http://www.diccionariojuridico.mx/definicion/ley/;
17. Diccionario Pequeño Larousse Ilustrado. Decimoquinta Edición. Ediciones Larousse, S.A. 2009. ISBN 84-8332-858-5;
18. Enciclopedia Brittannica. Disponible en https://www.britannica.com/;
19. Enciclopedia de características. Consultado en https://www.caracteristicas.co/ciencia/
20. Enciclopedia Ilustrada Cumbre. Tomos 1 y 12. Décimo octava edición. Estados Unidos, Editorial Cumbre. 1978. ISBN 0-7172-5061-X;
21. Enciclopedia Jurídica 2014. Disponible en http://www.enciclopedia-juridica.biz14.com/inicio-enciclopedia-diccionario-juridico.html;
22. Enciclopedia Jurídica Juspedia. Disponible en https://juspedia.org/;
23. Enciclopedia Jurídica Omeba. Tomo 8, México. Editorial Omeba. 2009. ISBN 970-94536-3-3;
24. Enciclopedia Jurídica UCM. Disponible en http://webs.ucm.es/info/contratos/portada.php?id=131&modo=juridica&ok=1;
25. Escobar Rozas, Freddy. El derecho subjetivo. Consideraciones en torno a su esencia y estructura. 1998.
26. Fariñas, Dulce María. La sociología del derecho de Max Weber. Primera Edición. México. Universidad Nacional Autónoma de México, Instituto de Investigaciones jurídicas. 1989. ISBN 978-9683609830;
27. Goldstein, Mabel I. Diccionario Jurídico Consultor Magno. Colombia. Panamericana Formas e Impresos, S.A. 2009. ISBN 978-9974-8113-2-4;
28. Grocio, Hugo. Del derecho de la guerra y de la paz. Tomo 1. España, Editorial Reus, S.A. 1925;
29. Halpérin, Jean-Louis. Exégesis. 2003.
30. Hobbes, Thomas. Leviatán. Editora Libros Tauro. 2005;
31. ILaw Enciclopedia del Derecho y Ciencias Sociales. Disponible en https://leyderecho.org/;
32. Juárez Janapa, Francisco Javier. Teoría general del Estado. 2012. ISBN 978-607-733-1094;
33. Kant, Inmanuel. Principios metafísicos del derecho;
34. Kelsen, Hans. ¿Qué es la justicia?.
35. Kelsen, Hans. Teoría general de las normas. Primera edición. México. Editorial Trillas, S.A. 1994. ISBN 968-24-4787-9;
36. Kelsen, Hans. Teoría pura del derecho. Segunda edición. México. Universidad Nacional Autónoma de México. 1982. ISBN 968-58-0052-4;
37. Latorre, Ángel. Introducción al derecho. España. Editorial Ariel. 1987. ISBN 84-344-1032-X;
38. Legaz Lacambra. Legalidad y legitimidad. 1958. ISSN 0048-7694
39. Ley No. 25-91, de fecha 15/10/1991 que crea la Ley Orgánica de la Suprema Corte de Justicia;
40. Ley No. 29-11, de fecha 20/01/2011, que crea la Ley Orgánica del Tribunal Superior Electoral;
41. Ley No. 277-04, de fecha 12/08/2004 que crea el Servicio Nacional de Defensa Pública;

42. Ley No. 78-03, de fecha 15/04/2003, que crea el Estatuto del Ministerio Público;

43. Ley No. 821, de fecha 21/11/1927 sobre Organización Judicial;

44. León Martínez, Samuel. El concepto de derecho en Inmanuel Kant. 2015;

45. Lluis y Navas, Jaime. Consideraciones sobre la ignorancia de las leyes;

46. Locke, John. Dos tratados sobre el gobierno civil;

47. Macey, Jonathan R. Law and social sciences. Yale Law School. Yale Law School Legal Scholarship Repository. 1997;

48. Mariño, Fernando. Métodos del derecho internacional privado;

49. Montesquieu, Barón de. El espíritu de las leyes. Editora Libros Tauro 2005.

50. Moscol Aldana, Daniel Humberto. Introducción a las ciencias jurídicas. Interpretación jurídica;

51. Nino Santiago, Carlos. Introducción al análisis del derecho. Madrid. Editorial Ariel, S.A. 1999. 84-344-1504-6;

52. Organización de las Naciones Unidas (ONU). Glosario de términos. Consultado en fecha 04/02/2019. Disponible en http://www.un.org/es/treaty/glossary.shtml;

53. Peña, Carlos A. El derecho y las tecnologías de la información. Universidad de Palermo;

54. Peña Jumpa, Antonio. La antropología y la sociología del derecho como formación interdisciplinaria. 2010;

55. Pisi de Catalini, Marta. La teoría egológica de Carlos Cossio y el tridimensionalismo jurídico de Miguel Reale. Anuario de filosofía argentina y americana Vol. 8-9. 1991-1992, ISSN 1514-9935;

56. Potentini, Salvador. Diccionario Jurídico. República Dominicana. Editorial Dalis. 2004;

57. Radbruch, Gustav. Filosofía del derecho. España. Editorial Reus. 2007. ISBN 978-84-290-1485-3

58. Rawls, John. Teoría de la justicia. Estados Unidos. The Belknapp Press of Harvard University Press. Cambridge Mass. 1971. ISBN 674-88014-5.

59. Rousseau, Jean Jacques. Discurso sobre el origen de la desigualdad entre los hombres. Editorial Libros Tauro. 2005;

60. Rousseau, Jean Jacques. El contrato social. Editorial Libros Tauro. 2005;

61. Schultze, Rainer-Olaf. Sánchez De la Barquera y Arroyo, Herminio. Fundamentos, teoría e ideas políticas. Volumen I. México. Universidad Nacional Autónoma de México. 2016. ISBN 978-607-02-5388-1.

62. Stanford Encyclopedia of Philosophy. Consultado en //plato.stanford.edu/entries/austin-john/

63. Starr, William C. Law and morality in H.L.A. Hart`s legal philosophy. Marquette University Law School. 1984;

64. Tamayo Valenzuela, José Alberto. La teoría del derecho de H.L.A. Hart. 1985;

65. Traverso, Juan Damián. España. La razón del deber moral y jurídico. Editorial Dickinson, .S.L. 2003. ISBN 84-9772-L73-X;

66. Trujillo, María. Fabra Zamora, Jorge Luis. Núñez Vaquero, Álvaro. Enciclopedia de filosofía y teoría del derecho. México. Universidad Autónoma de México. 2015.ISBN 978-607-02-6593-8

67. Villalba Zabala, Agustín. Introducción al derecho. 2011;

68. Witker, Jorge. Las ciencias sociales y el derecho. 2015;

69. Zabaleta Velarde, Braulio. Integración derecho civil y procesal civil. España. 2014.